JN100948

ビッグデータ時代の統計学入門

―データサイエンスを支える統計の基本―

藤江 昌嗣

学 文 社

まえがき

　本書は，ビッグデータといわれる時代の中で生きる学生や社会人のための入門書です。ビッグデータの特徴は3つのV，すなわち，Volume データの量，Velocity データの速度の速さ，Variety データの多様性にあります。データの量はデータの数の多さを示し，データの速度の速さは，高頻度で更新されるデータを指します。また，データの多様性は数値化しにくい，分類されにくいデータの存在を指します。それは定義し難いデータといえるかもしれません。これを，非構造化と呼ぶ場合もあります。

　このように，多様なデータ，そして，量が多く，それゆえ，高頻度で更新されるデータ，しかも数値だけのデータではなく，数値化されていないデータとなれば，それを処理するためにコンピュータの力を借りなければなりません。しかし，そのコンピュータを動かすために，プログラムの中にビッグデータを処理するためのルール—ある種の構造化の基準—を作り，プログラムに埋め込まなくてはなりません。理論（仮説）がなければ，それはできません。いくらスーパーコンピュータ「富岳」を使って COVID-19 における飛沫シミュレーションがなされても，それだけでは感染の第三波を予測することはできません。これと同じで，「構造化されていないものを構造化する」には基本的な知識—その多くは先人が苦労して残してくれています—をまず知らなければなりません。それがなければ，上記の「構造化」はもう「無限求道」のようなものであると思い込み，諦めてしまう人が出てきても不可思議ではありません。こんな時，その知識をしまう「道具箱」があるとよいですね。

　さて，本書の特徴は2つあります。ひとつは，データの分類を出発点に分布やその中心や散らばり具合を見るためのさまざまな指標を取り上げ，さらにデータ間の関係の強さを見る測度を相関係数に限定しないでその他の大切な測度も紹介していることです。これらは記述統計と呼ばれていますが，ビッグデータの時代の基本的な統計知識すなわち，道具として是非知って欲しいもの

です。

　また，確率論に基づく統計的推論についても，検定において特定の分布を前提するパラメトリック検定と前提しないノンパラメトリック検定の主要なものについて例題を付けて演習形式で説明している点です。社会科学（経済，経営，教育，社会学等）や自然科学（生物学，薬学，医学，保健学，理学療法学等）において，ビッグデータ時代と言いながら，中央値にかかわる検定の論理やさまざまな検定における論理，仮説の立て方などについて意外に考え抜かれていないケースも多いのです。演習を通じて，統計という道具を研ぎ澄ませて下さい。

　2つ目の特徴は，データとしてできるだけ，現実のデータを取り上げていることです。データの入手と吟味からデータ分析の作業を始めて欲しいからです。

　統計学的なものの見方・考え方あるいは Excel や SPSS などの表計算ソフト，そして電卓などを道具とすれば，これらの道具をしまう自分に合った「道具箱」をつくる必要があるのです。読者の皆さんに自分なりの「道具箱」をつくるための役割が果たせることを希望して本書は書かれました。

　なお，巻末には安藤次郎先生の「あんとんカルタ」と明治大学学生の「統計いろはカルタ」も掲載しています。ご覧ください。

2021 年 1 月 20 日

COVID-19 の感染状況とアメリカ大統領の就任式を気にしながら。

著　者

目　次

第 I 部
データの記述とデータ関係の強さの測り方

質的データ・量的データの尺度構造とグラフ・中心・データ間の関係の測度

	データの尺度・分類	グラフ	中心・軸・散布度	データ間の関係の測度
質的データ	名義尺度	↑（折れ線グラフ デジタルグラフ 棒グラフ 円グラフ）	中央値 *Mode* ⇅	関連係数 *Q*
	順位尺度		中央値 *Mode* 四分位偏差 Q_3-Q_1	順位相関係数 *Rho*
量的データ	間隔尺度		↑ 算術平均 M_A 四分位偏差 Q_3-Q_1 中央値 *Mode* 幾何平均 M_G 調和平均 M_H	ピアソンの積率相関係数
				関連係数 *Q*
	比率尺度	ヒストグラム／度数分布		順位相関係数 *Rho* ピアソンの積率相関係数

（出所）片平洌彦編（2017：116）を基に作成

第1章
データとは何なのか？

　データはどのように生み出されるのであろうか。

　データは，伝統的な考えでは，調査票の設計に始まる統計調査過程を経て得られるものであり，その後，集計，分類等を経て，その利用過程に入る。

　データ分析の世界では，これらの調査・利用過程は，データの収集，保管，変換，不純物の取り除き，方法論，アルゴリズム，可視化，ビジネスインテリジェンスに注目しつつ考察される。

　ここでは，まず，データの種類について，データの尺度に注目して分類してみることにする。

　第Ｉ部の表「質的データ・量的データの尺度構造とグラフ・中心・データ間の関係の測度」を参照されたい。以下では，データのその尺度構造による分類を行い，次いで各尺度構造のデータに対し，利用可能な表やグラフ，また，中心や軸，散布度としての測度やデータ間の関係の強さの測度等を説明していく。ビッグデータ，スモールデータ時代のデータ分析の入門の始まりである。

1 　データの種類

　データ Data もしくは情報 Information は，統計的方法を用いる対象であるが，その性質により，用いる統計的手法が異なってくることにも注意が必要である。それは，例えば，家具製作や機具製作等において，その用いる材料の違

いにより，切る・削る・磨く等の作業の道具が異なることと同じである。

　その性質とは，例えば，すべての対象（数値集団）を調べる悉皆調査（全数調査）あるいは大量観察により得られたデータなのか，全体ではなく一部の標本（サンプル sample）により得られたデータなのかという相違である。また，調査・観察・実験により得られたデータなのか，さらには業務記録（広義の調査方法）として得られるのかという相違もある。

　しかしながら，こうしたデータの全体と一部という関係（推測統計学では，母集団と標本）や調査なのか，記録なのかというデータ収集方法の相違とは異なるデータそのものに深く関係したデータの性質，すなわち，質的データなのか，量的データなのかという相違がより重要となる。というのは，ビッグデータの時代として特徴づけられる現代において，調査項目には数値で獲得しにくい質的項目が増加してきており，データの質的，量的区分がその処理方法の選択や新しい処理方法の開発にも深く関わってくるからである。

　データは，まず，数値として収集・記録・把握できないが，人間が数値を付与することで数的処理が可能となる**質的データ**と，もともと数値として観察，観測，計測できる**量的データ**に二分できる。そして，これらの質的データや量的データは，さらにその尺度構造によって細分される。

　ここで**尺度 Scale** とは，はかり，天秤あるいはその皿，率，段階，等級等の意味もあるが，目盛り，度盛り，物差しなど測定の基準となるものを指す。

　佐伯胖は「「尺度」というのは，数で表象されたデータをある基準で「並べた」ものを指す。尺度のもともとの意味は，モノサシ上の「目盛」のことなのだが，モノサシの場合のように，きちんと順序だって並べられるものか，さらに，モノサシのように2点間の距離が「測れる」とみなしてよいかは，必ずしも保証の限りではなく，データの性質に依存しているのである。つまり，どのような変換や処理がもともとの意味を失わない範囲で許容されるかがデータの性質に依存」しているという（佐伯・松原 2000：74）。それらは通常，以下に述べるようなデータの尺度により4つに分類される。

　質的データは，名義尺度あるいは順位尺度のデータに二分され，量的データ

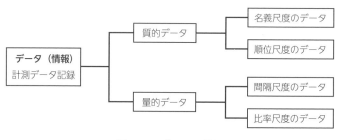

図 1.1　データの分類

も，間隔尺度，比率尺度のデータに二分される。本章では，この合計４つのデータを確認し，その情報量の変化を見るとともに，それぞれに相応しい操作特性も確認してみることとする。

1.　質的データ

　質的データとは，数値ではなく，言葉や語句で表現されているデータである。例えば，男女の性差，東京，北京，ソウル，ホーチミン，ジャカルタなどの都市名，日本語，ハングル語，北京語，広東語，ラテン語，英語，ドイツ語，フランス語，スペイン語，ポルトガル語，古代スラブ語等の言語名，あるいは，頭，胸，腹，腕，腰，腿，ひざ，脛，足首などの身体の部位，さらには，外科，内科，小児科，泌尿器科，精神科，耳鼻咽喉科，循環器科，感染症科などの診療科や患者の病名，あるいは，苦味，甘味，辛味，渋味，旨味などの味覚，そして，統計学，経済学，経営学，社会学，財政学，会計学などの講義科目名なども質的データである。

(1) 名義尺度

　名義尺度 Nominal scale は，変数についての特性の同一性あるいは分類項目の同質性を示し，ある観測（観察）対象の質的差異を示すものである。名義尺度のデータは変数の質的特性を表現するものとして把握できるので，交通事故の原因別死傷者数，ある月の天候別日数，ある大学の出身地別学生数，上映される映画のタイトル別入場者数などがある。名義尺度のデータは，**Nominal**

data（Frequency data）と呼ばれ，各分類項目（カテゴリー）に対して番号を付ける（附番する）ことができる。例えば，住宅の居住形態の相違，すなわち，持家の戸建て，持家の共同住宅，貸家の戸建て，貸家の共同住宅，寮，貸間などに対し，1，2，3，4，5，6という番号を付し，特定地域や国全体の居住形態別の世帯数を数えることが可能となる。

しかし，これら　1.持家の戸建て，2.持家の共同住宅，3.貸家の戸建て，4.貸家の共同住宅，5.寮，6.貸間　の間の数値の順序，間隔，比率などを計算，比較しても何も意味をもたない。これが名義尺度のデータの特性である。

マクロ経済分析—計量経済分析—では，オイルショック（第一次1973年，第二次1979年）の前後に〔0〕と〔1〕の変数を付し構造変化をみるために利用した。コンピュータ（PC）のハードの機能の発展やSPSSなどのソフトの充実により，名義尺度のデータや次に扱う順位尺度のデータをダミー変数として分析に用いる，すなわち，結果に影響を与える変数として利用可能になってきている。

(2) 順位尺度

順位尺度 Ordinal scale は，名義尺度のもつ分類項目の同質性を示しつつ，序数化された数値が一定の順序，序列，大小や長短関係などを表現するもので，順位尺度のデータは **Ordering, Ranked data** と呼ばれる。ラグビー，駅伝，体操，バレーボールなどのスポーツやさまざまなコンテストやコンクールでは，その結果は1，2，3…といった序数的な順位の形をとる。また，街路の番号（条や丁，町），鉱物の硬さ，病気や介護保険，障害の程度などの症状の重さ，あるいは，世帯別の所得階層（五分位や十分位等）区分，成績の三段階，五段階評価，十段階評価などがこれに相当し，また，ダミー変数で使われるリッカート尺度（五段階や七段階等）もこの尺度のデータに該当する。

リッカート尺度の五段階の場合，ある仕事について，1. 満足，2. やや満足，3. どちらともいえない，4. やや不満，5. 不満，という回答が得られた場合，これらの付与した数値を用いて，結果への影響の分析が可能になる。

これらのデータは，名義尺度と同様に分類項目の同質性（特性）をもつとと

もに，その数値の順序や大小関係には意味があるので，こうした点での比較は意味をもつ。

2. 量的データ

量的データとは，長さ，高さ，重さ，年齢，温度，試験の点数などデータそのものが，それぞれの単位に基づいて測定・評価され数値的表現となっているデータである。

(1) 間隔尺度

間隔尺度 Interval scale は，数値間の一定の間隔を保持するという特徴をもち，順位尺度のもつ順序，序列，大小関係などを示すとともに，順位尺度のデータには欠けていた2つの変数間の間隔や差についての情報を示す尺度である。例えば，温度，時間，暦などがその例である。すなわち，温度の場合，摂氏40℃は，摂氏20℃よりも暑い状態を示し，同じ地点の午後9時は午後3時よりも時間が経過した（遅い）ことを示している。

しかしながら，私たちは，「摂氏40℃が摂氏20℃の2倍暑い」とは言わないし，「午後9時が午後3時より3倍遅い」とは言わない。それは何故であろうか？

それは，間隔尺度の場合，原点の意味が不明確で，便宜的であり，「摂氏0℃」は「温度がないこと」を意味しないし，「午後0時」は「時間が存在しないこと」を意味しないからである。原点の意味が曖昧であることが，比率や倍数関係で数値を扱うことの根拠を与えないのである。

また，少し脱線気味となるが，日本酒は，冷酒，常温（冷や）あるいは，燗酒というような楽しみ方があるが，燗酒の定義もこの尺度に入る。すなわち，冷酒は温度としては，ほぼ5～15℃あたりで，マイナスではない。また，「常温（冷や）」とは，冷酒のような温度帯に冷やさず，また，30℃以上に温めず，常温すなわち，そのままの温度である20～25℃で日本酒を飲む飲み方である。したがって，燗酒は日本酒を30℃以上，55℃に温めて飲む飲み方とされる。「お

燗」などとも呼ばれ，冬場の寒い時には，体が温まる。蛇足だが，おでんや鍋にぴったりといえる。間隔尺度という点では，この燗酒30℃のものは日向（ひなた）酒，35℃は人肌燗，40℃はぬる燗，45℃は上燗，50℃は熱燗，55℃以上は飛びきり燗と分類される。しかし，その場合でも50℃の熱燗が25℃の常温（冷や）酒の2倍熱いとは嗜みのある方は言わないであろう。

(2) 比率尺度

比率尺度 Ratio scale は，原点（ゼロ，0）が明確な意味—「真の原点」—をもつもので，上記の3つの尺度がもつ特徴，カテゴリーとしての同質性，順位関係，大小関係に加え，倍数や比率をとることが意味をもつ尺度である。

比率尺度のデータとしては，鉱工業生産物の生産・出荷・在庫などの量・額，電力・ガス・水道などの使用量や使用料金，あるいは，売上，費用や利益の水準がある。また，その他，長さ，高さ，重さ，密度，労働時間，人口や年齢別人口，特定の病気の罹患者数，特定の病気の症状や治療やリハビリによる改善を示す兆候や行動（言語リハビリの効果による発話数の変化）など多くのデータを挙げることができる。例えば，60kwは30kwの2倍であり，100%高い電圧であり，100人は20人の5倍であり，400%多い数なのである。

以上の4つの尺度構造と操作特性を示したのが**表1.1**である。

表1.1　尺度の相違と計測の水準・操作特性の関係

計測の水準	この方向で情報量は増加			
	この方向で情報は変換可能			
操作特性 ＼ 尺度	名義尺度	順位尺度	間隔尺度	比率尺度
1. 分類	◯	◯	◯	◯
2. 順位付け	×	◯	◯	◯
3. 距離	×	×	◯	◯
4. 原点	×	×	×	◯

注：◯は操作が適用可能であること，また×は適用不可能であることを示す。
（出所）高田（1987：92）より作成

2 さまざまなグラフ

　データは，以上みてきた4つの尺度のいずれかをもつ。統計学が対象とするデータ数 n は，通常，2つ以上である。収集（調査・記録等）されたデータは，どのように表現されるのか，この方法を考えるのが，**記述統計**である。本書の後半は，確率論に基づく，推測統計（統計的推測と仮説検定）が説明されるが，記述統計とこの推測統計が統計学の2つの柱となっており，いずれも重要である。

　収集されたデータは，その尺度構造に基づき，分類され，まず，全体の分布の状態を見ることが重要となる。そこで，名義尺度，順位尺度，間隔尺度，比率尺度をもつデータに対し，その尺度に基づくグラフの紹介をしておくことにしよう。

1. 棒グラフ

　棒グラフ Bar graph は，通常，名義尺度や順位尺度をもったデータに対して作成されるものである。棒を縦軸で示すa horizontal bar chart タイプ（図1.2，図1.3）と棒を横軸で示すタイプ（図1.4）の2つがある。

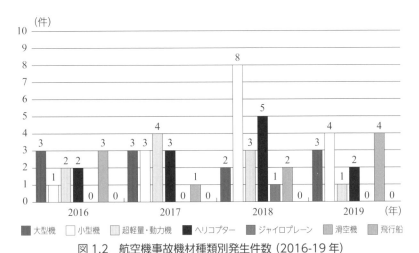

図 1.2　航空機事故機材種類別発生件数（2016-19 年）
（出所）国土交通省運輸安全委員会 HP（2019 年 12 月 25 日現在）より作成

水準や伸び率などを示す場合には，よく用いられるが，後述するヒストグラムとは異なり，面積は問題とならない。縦軸タイプであれば，棒の高さが頻度や割合を示すのみである。棒の幅もまた問題とはならない。線でも，幅のある柱でもよい。

図 1.2 は，国土交通省調べに基づく，「航空機事故機材種類別発生件数」について 2015～2019 年の 4 年分を示している。これを見ると，種類別では，ほとんどの年が 3 件以下となっているが，3 件を上回る件数を示す機材がいくつかある。棒グラフは高さで件数が表現されているので，こうした条件を付けた場合の，該当する種類や属性，そのデータ数を見つけるのに便利である。

3 件を超えている機材は，2017 年の超軽量・動力機の 4 件，2019 年の小型機と飛行船 4 件であるが，2018 年のヘリコプターの 5 件，小型機の 8 件が目立っている。棒グラフ全体を見ると，2018 年が多く，2019 年はやや減少したが，傾向的にはやや増加という印象が残る。

図 1.3 は，国土交通省調べによる，2015 年から 2019 年の 4 年分の「航空機事故発生年別／月別発生件数」である。こちらも棒グラフがその特徴をつかみやすいことがわかる。これを見ると，ほとんどの月が 3 件以下となっている

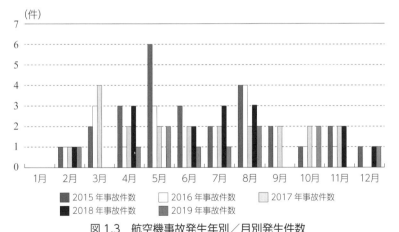

図 1.3　航空機事故発生年別／月別発生件数

（出所）国土交通省運輸安全委員会 HP（2019 年 12 月 25 日現在）「発生年別事故件数内訳」を基に作成

が，4件以上の月がいくつかある。例えば，2017年の3月と2015，2016年の8月が4件，また，2015年の5月も6件と突出した件数となっている。

　このように，月別といった先程の機材種類別とは異なる条件を付けた場合にも，該当するデータ数を見つけるのに棒グラフは便利である。機材種類別では小型機の事故が多く，月別では3，5，8月が多いという特徴が2つのグラフからわかった。しかし，これだけでは因果関係はつかめない。機材の不良か操縦士のミスか，あるいはその他の理由が考えられ，月別の事故数の相違は気象条件等も影響していると考えられるからである。

　また，図1.4は日本における行事食の習慣についての統計である。これは棒を横軸にとっている。2016年（下段）と2006年（上段）の棒グラフである。これをみると，年越しそばが83％と横ばい，正月の雑煮が2ポイント低下し80％，おせち料理も5ポイント低下したが77％と上位3位に入っている。他方で，節分の巻き寿司（恵方巻）は15ポイント上昇し64％となっている。

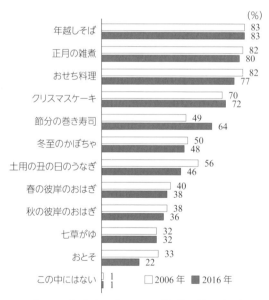

図1.4　行事食を食べたか（複数回答，全体）
（出所）NHK放送文化研究所（2016：59）

2. 円グラフ

　原因別の割合（％）を用いて，全体を100％にした360度の円を用いてその構成比を示したものが**円グラフ Pie chart** である。

　例えば，少し前のデータになるが，世界と日本のジェット旅客機事故の主原因についてのボーイング社と日本（当時の運輸省調べ）の円グラフ（図1.5）を示しておこう。このグラフを見ると，1990年代初めには，ボーイング社の事故の主原因は「乗員のミス」が70％強（72.7％）となっており，同じ「操縦者」の主原因を30.0％としていた日本との大きな相違があり，驚きとともにデータというより原因の分類基準と仕訳の仕方への疑問を禁じ得ない。

　また，表1.2は1950年代から2010年代までの世界の飛行機事故の原因別推移を示している。出所は，PlaneCrashinfo.com である。その元データから各

世界（ボーイング社調べ）

事故の主原因	件数	％
乗員のミス	88	72.7
機材の故障	13	10.7
整備の不良	3	2.5
悪天候	6	5.0
空港・管制の不備	6	5.0
その他	5	4.1

日本

事故の主原因	％
操縦者	30.0
機材の故障	3.8
整備の不良	2 .5
その他	63.7

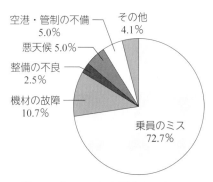

図1.5　世界のジェット旅客機事故の主原因

（出所）ボーイング社資料と運輸省資料より作成

年代の合計値を分母にしてその割合を計算したものが**表1.3**である。

ここに、操縦ミスとは操作手順のミス、VFR（有視界飛行方式）からIFR（計器飛行方式）へ、あるいはその逆の移行におけるミス、空間的見当識障害、降下速度超過、滑走路逸走、燃料不足などが含まれる。また、機械故障とは、エンジン故障、機器不具合、構造破壊、設計上の欠陥などである。また、天候とは乱気流、ウインドシア、視界不良、落雷などで、最後の破壊行為はハイジャック、撃墜、爆弾、パイロットの自殺などである。

表1.2から、飛行機事故総数は1970年代をピークに低下し続けていることがわかる。操縦ミスは1960年代の119件（52.7%）から、1980年代には67件（41.6%）へと件数としては低下し、1990年代に再び増加したが、2000年代から2010年代にかけて28件と件数は激減し、1970年代の4分の1を示した。

表1.2　世界の飛行機事故の原因別件数の推移（1950〜2010年代）

(単位：件)

原因	1950s	**1960s**	1970s	**1980s**	1990s	2000s	**2010s**	合計
操縦ミス	82	**119**	112	**67**	77	48	**28**	533
機械の故障	43	**62**	45	**36**	35	22	**10**	253
天候	25	**15**	22	**22**	10	8	**5**	107
破壊行為	6	**9**	20	**20**	13	9	**4**	81
その他	9	**21**	31	**16**	22	10	**2**	111
合計	165	**226**	230	**161**	157	97	**49**	1,085

（出所）PlaneCrashinfo.com

表1.3　世界の飛行機事故の原因別割合の推移

(単位：%)

原因	1950s	**1960s**	1970s	**1980s**	1990s	2000s	**2010s**	合計
操縦ミス	49.7	**52.7**	48.7	**41.6**	49.0	49.5	**57.1**	49.1
機械の故障	26.1	**27.4**	19.6	**22.4**	22.3	22.7	**20.4**	23.3
天候	15.2	**6.6**	9.6	**13.7**	6.4	8.2	**10.2**	9.9
破壊行為	3.6	**4.0**	8.7	**12.4**	8.3	9.3	**8.2**	7.5
その他	5.5	**9.3**	13.5	**9.9**	14.0	10.3	**4.1**	10.2
合計	100.0	**100.0**	100.0	**100.0**	100.0	100.0	**100.0**	100.0

（出所）表1.2に同じ

だが，逆に割合は57.1%と増大した。

　また，機械の故障も，1960年代の62件（27.4%）から1970年代以降，件数は減少し続けているが，割合は1980年代以降20%台を推移し低下していない。

3.　積み重ねグラフ

　積み重ねグラフ Divided bar graph は棒グラフの内部構成をカテゴリー別に示し，なおかつ時系列的推移をみるときに用いられる。棒の高さはデータ総数 N を示し，全体の推移がわかるとともに，棒の内部にはカテゴリー別のデータ数を示すことができ，それぞれの推移も見ることができる（図1.6参照）。

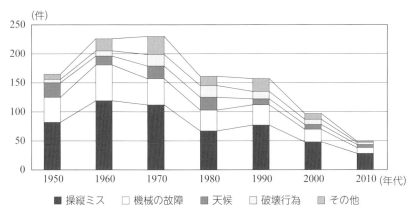

図 1.6　原因別飛行機事故の積み重ねグラフ（1950年代から2010年代）
（出所）表1.2に同じ

　図1.6から1980年代以降事故件数が低下してきていることがわかる。また，原因別の件数の推移ではなく，各年代の総事故件数を100%としたときの原因別の割合の推移を見たければ，**表1.3**に基づき，**図1.7**のような積み重ねグラフを作成すればよい。

　図1.7を見ると，総事故件数 N を100%とした原因別の割合の推移から，操縦ミスが1980年代を底に割合を高めていること，また，機械の故障は減少してきているがそれでも20%を超えていること，天候によるものが逓増傾向

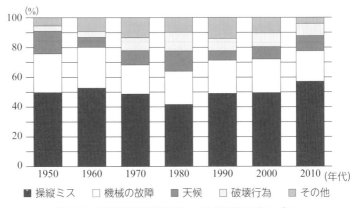

図1.7　原因別飛行機事故の100%積み重ねグラフ
（1950〜2010年代）

（出所）表1.2に同じ

にあること等がわかる。

3　度数分布表とヒストグラム（柱状グラフ）

　間隔尺度と比率尺度のデータでは，名義尺度や順位尺度で用いたグラフも利用可能であるが，度数分布表の作成とヒストグラム（柱状グラフ）の作成，あるいは折れ線グラフの作成，また，累積度数分布表の作成と累積折れ線グラフの作成がより厳密に行える。

　以下では，度数分布表，ヒストグラム（柱状グラフ）について説明していく。

　計測されたデータは，特定の範囲（最大値と最小値の差である範囲）の中の値をとるが，この範囲内での散らばり具合を**分布 Distribution** という。

1.　度数分布表

　度数分布表とは，総データ N を設定した階級（クラス幅をもつ区間）にふるい分けた結果作成できる表のことで，データ全体の散らばり具合がわかり，平均と標準偏差だけではわからない全体の形である分布を見るための表である。

表 1.4 作況指数の度数分布表（1993 年）

クラス m	度数 f	相対度数（％）	累積度数	累積相対度数（％）
30〜39	1	2.1	1	2.1
40〜49	3	6.4	4	8.5
50〜59	0	0.0	4	8.5
60〜69	1	2.1	5	10.6
70〜79	0	0.0	5	10.6
80〜89	11	23.4	16	34.0
90〜99	30	63.9	46	97.9
100〜109	1	2.1	47	100.0
計	47	100.0	-	-

表 1.4 は，1993 年の水稲の作況指数※（**表 1.5**）から，度数分布表を作成したものである。1993 年は，冷夏や日照不足，いもち病などのために米の収穫量が激減し，戦後最悪の作柄となり，コメの緊急輸入が行われる事態となった特徴のある年である。この表を例に説明していこう（※水稲の作況指数とは，水田 10a 当たりの平均収穫量（平年値）を 100 とし，その年の収穫量を指数で表したもの。ただし，毎年の水田の総面積は同じではなく減少していることに注意）。

(1) 度数・相対度数・累積度数

度数分布表において，各クラスに含まれるデータ数を**度数（頻度）Frequency** と呼び（**表 1.4** の左から 2 列目の数値，1，3，0，1，0，11，30，1），データ総数 N に対する各クラスの度数の割合（百分率％）を**相対度数（相対頻度, %）Relative frequency** と呼ぶ。（**表 1.4** の左から 3 列目の数値，2.1，6.4，0.0，2.1，0.0，23.4，63.9，2.1％）。また，最初のクラスから各クラスまでの度数の累計を**累積度数 Cumulative frequency**（**表 1.4** の右端から 2 列目の数値，1，4，4，5，5，16，46，47），データ総数 N に対する各クラスの累積度数の割合（百分率％）を**累積相対度数（累積相対頻度）Cumulative relative frequency** と呼ぶ（**表 1.4** 右端の列の数の値，2.1，8.5，8.5，10.6，10.6，34.0，97.9，100.0）。

表 1.5 水稲の作況指数

都道府県順			昇順			降順	
全国	80		全国	80		全国	80
北海道	46		青森	32		沖縄	103
青森	32		岩手	42		静岡	98
岩手	42		宮城	44		神奈川	98
宮城	44		北海道	46		埼玉	98
秋田	83		福島	67		和歌山	97
山形	84		鹿児島	82		奈良	97
福島	67		秋田	83		大阪	97
茨城	92		山形	84		愛知	97
栃木	90		島根	85		兵庫	95
群馬	91		山口	85		東京	95
埼玉	98		宮崎	85		京都	95
千葉	91		佐賀	88		新潟	94
東京	95		長崎	88		滋賀	94
神奈川	98		大分	88		高知	93
新潟	94		長野	89		岐阜	93
富山	91		熊本	89		香川	92
石川	91		栃木	90		岡山	92
福井	91		山梨	90		茨城	92
山梨	90		福岡	90		愛媛	92
長野	89		群馬	91		福井	91
岐阜	93		千葉	91		富山	91
静岡	98		富山	91		徳島	91
愛知	97		石川	91		鳥取	91
三重	91		福井	91		千葉	91
滋賀	94		三重	91		石川	91
京都	95		鳥取	91		三重	91
大阪	97		広島	91		広島	91
兵庫	95		徳島	91		群馬	91
奈良	97		茨城	92		福岡	90
和歌山	97		岡山	92		栃木	90
鳥取	91		香川	92		山梨	90
島根	85		愛媛	92		長野	89
岡山	92		岐阜	93		熊本	89
広島	91		高知	93		長崎	88
山口	85		新潟	94		大分	88
徳島	91		滋賀	94		佐賀	88
香川	92		東京	95		島根	85
愛媛	92		京都	95		山口	85
高知	93		兵庫	95		宮崎	85
福岡	90		愛知	97		山形	84
佐賀	88		大阪	97		秋田	83
長崎	88		奈良	97		鹿児島	82
熊本	89		和歌山	97		北海道	46
大分	88		埼玉	98		宮城	44
宮崎	85		神奈川	98		岩手	42
鹿児島	82		静岡	98		青森	32
沖縄	103		沖縄	103			

注:1993 年 9 月 15 日時点

(2) 度数分布表の作成

では，度数分布表の作成手順をみていこう。

度数分布表の作成

① データ総数 N の確認と並べ替え（Sort）

② データの中の**最大値** Max と**最小値** Min の発見

③ **範囲** $Range$, R すなわち，**最大値** Max と**最小値** Min の差の計算

$$R = Max - Min$$

④ **クラス数** m とクラス幅（級間隔）の決定，級限界（級の上下限値）を明確にする

---

①並べ替え Sort

まず，①データ総数 N を確認したのち，②データの中の**最大値** Max と**最小値** Min を発見していくわけだが，この際，データを大きさの順に並べると，作業がしやすくなる。表計算ソフトにある**並べ替え Sort** の機能を使うとよい。小さいデータから大きいデータの順へと並べることを**昇順**，逆に大きなデータから小さいデータへと並べることを**降順**という（表 1.5 参照）。その他，名義尺度のデータの場合には，アルファベット順 A → Z（あるいはその逆の Z → A）やイロハ順の並べ替えもある。

最大値 Max と最小値 Min の差は，**範囲** R と呼ばれる。

②クラス（階級）Class の設定

計測データについて作成する度数分布表では，設定する範囲を**クラス，階級**あるいは単に**級**と呼ぶ。

一つのクラスの中のデータの最大値を**級上限 Upper limit**，最小値を**級下限 Lower limit** と呼び，その差を**級間隔 Class interval** と呼ぶ。また，クラスの中の真ん中の値を，**階級値，階央値**もしくは**級心 Class mark** と呼ぶ。

クラスの設定のためには，下記の 1）～ 2）の作業が必要である。

1）クラスの数の決定

クラスの数の決定に際し，質的データの場合には，名義尺度，順位尺度はいずれも質的属性が異なるという理論的根拠をもつので，それぞれの尺度に基づ

く分類項目を用いる。これに対し，量的データの場合には，理論仮説や処理上の合理性などに基づき，クラスの数を適切に決める必要がある。

また，級間隔を一定に設定することも肝要である。このとき，**級限界（級上限や級下限）を明確に定めておくことが大切**となる。

クラスの数 m の決定については，一般的に m は 5 〜20 くらいとされているが，特別な決まりはない。しかし，クラス数 m が多ければ，データを多くのクラスに分類でき，原データの分布に関する情報（特徴）を失わずにすむが，かといって，各クラスにわずかなデータしか含まれないのであれば，逆に分布に関する情報（特徴）を見つけにくくするかもしれない。また，ピークが 3 つ以上の複数となることも起こりうる。そうなるとクラスを作る意味がなくなってしまう。したがって，クラス数 m は各自が分析目的に応じて，意味ある分布の形を創り出せるように設定することが大切である。

しかし，先人は偉大である。便宜的とはいえ，クラス数 m を簡単に設定するいくつかの方法を考えてきてくれた。必要と妥当性に応じて用いると便利である。一つは，データ総数 N の平方根をとるものである。すなわち，

$$m = \sqrt{N} \tag{1.1}$$

であり，データ総数が $N = 100$ ならば $\sqrt{100} = 10$ となり，クラス数 m は 10 となる。また，データ総数が $N = 500$ であれば，$m \fallingdotseq 22$ となるが，もし，データ総数が $N = 1000$ であれば，$m \fallingdotseq 31$ となり，クラス数 m が大きくなりすぎるという問題も生じてくる。便宜さのもたらす難儀さである。

また，いわゆる**スタージェスの公式 Sturges' rule** もある。

$$m = 1 + log_2 N \tag{1.2}$$

〔問題 1.1〕 上記の $N = 100$，500，1000 のケースで計算し，(1.1) の結果と比較してみよう。

2) 級間隔の決定

クラス数 m が決まれば，範囲 R を使って，下記の (1.3) 式に基づき，**級間隔** i の目安となる値が得られる。

$$級間隔\ i = \frac{範囲\ R}{クラス数\ m} \tag{1.3}$$

級間隔はわかりやすい間隔で選ぶとよいが，クラス内に度数の集中する点（値）がある場合には，その点（値）が級心になるようにするのも一つの方法である。

③各クラスへのデータの振り分け

上記の作業を終えると，**表 1.4**「作況指数の度数分布表 (1993 年)」の左端の列（クラス）ができる。そこで，昇順か降順に並べ替えをしたデータ（作況指数の場合は 47 個）を各クラスにふるい分けると左から 2 列目の度数が完成する。また，累積度数は，そのクラスまでのデータの総数を示す。

度数あるいは累積度数をデータ総数で割ると，それぞれ相対度数（相対頻度），累積相対度数（累積相対頻度）が計算できる。これらの単位は％となる。

2. ヒストグラム Histogram（柱状グラフ）

ヒストグラム Histogram（柱状グラフ）は，度数分布表をもとに，度数を柱の高さ（正確には，面積）で表現したものである。数字で示された場合よりも，クラスによる度数の違いや全体の分布の状況が，いわば，手に取るようにわかるのが特徴である。

このグラフは，縦軸に度数や相対度数を，また，横軸にクラスをとることで簡単に作成できる。ただし，分布の中心から外れるクラスほど，そのクラスに入るデータ数が少なくなり，場合によってはゼロになるという一般的特徴から，クラスに入る度数をゼロにしないために，裾野に近いクラスの幅を大きくする—例えば，2 倍にする—という調整も行われることがある。

こうした点を鑑み，以下では，クラス幅が同一の場合と，クラス幅が一部変更，調整される場合に分けて，説明をしておくことにする。これは，柱状グラフ（ヒストグラム）と棒グラフを同じものと理解する誤りを避けることにもつながる。

(1) クラス幅が同一の場合

クラス幅が同一の場合には，縦軸の度数 f にしたがって，各クラスの度数を高さで示せばよい（図1.8参照）。柱の幅が同一なので，高さが面積の違いを反映しているからである。

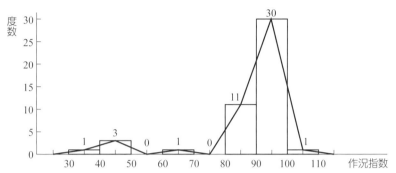

図1.8　作況指数の柱状グラフ（ヒストグラム）と折れ線グラフ（クラス幅が同一の場合）

(2) クラス幅が同一でない場合

クラス幅が同一でない場合には，柱状グラフ（ヒストグラム）の特徴である，**各クラスの柱の面積を同一に保つこと**がポイントとなる。すなわち，いまクラス幅 d

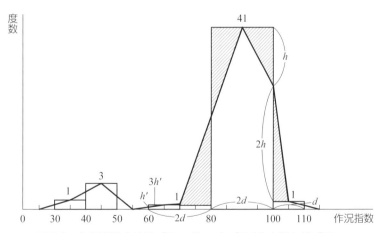

図1.9　作況指数の柱状グラフ（ヒストグラム）と折れ線グラフ
（クラス幅が同一でない場合）

をh倍したときには，柱の高さを1/hにする（図1.9参照）。例えば，クラス幅d を2倍にした場合には，高さ（度数）を1/2にしなければならない。

（1），（2）のケースでの折れ線グラフの作成方法も図に示しておく。

4 データの分類と正確なグラフ，わかりやすいグラフ

分類の基礎作業を行うことで，分類には，データの尺度構造やデータそのも ののレベルに対する感覚やそのレベルを生み出す原因についての推測等が不可 欠であり，分析者の経験や理論に基づく総合的な力が必要となることに気づか れたであろうか。AIへの学習データの提供は，分析者やプログラマーがAI に学習させた理論的分類基準と，理論とは切り離された，本書後半で触れる相 関係数に基づく相関関係の強弱による分類の2つに大別できる。

こうした分類基準の問題を忘れずに，データの分類とその結果のグラフ表示 について，マイクロソフト社のMicrosoft Excel（エクセル）やIBM社のSPSS を用いれば，PC上で，入手したデータを入力すると，3次元の表示を含め， 多様な形の表やグラフが作成できる。それぞれのソフトを利用したデータ入力 の仕方や結果の見方については本書の目的ではないので，関係書にあたってほ しい。

私たちが，データに基づいて表やグラフを作成する目的は，自らが強調した い点をビジュアルな形式で読み手に伝えるためである。そのために，図表作成 において，一定程度，正確性を犠牲にすることがあるかもしれない。いや，そ れどころか，市販のソフト自体がこうした欠点を含みつつ，プログラムされて いることも知っておかなければならない。こうした点も踏まえないと，正しい 統計的知識を利用することにはならない。本章の説明は，統計に騙されないた めにも必要な知識なのである。

グラフ表示で分布の形がわかったならば，次は，その中心・軸・柱の発見で ある。章を変えて，これらについて考えてみよう。

第2章
分布の中心を見つける
——算術平均 (Mean)・中央値 (Median)・最頻値 (Mode)

統計データは，基本的に統計値の集団として計測され，あるいは記録される。したがって，統計データは集団としての特性（集団性）をもっており，それが，そのデータ集団の特徴を示すことになる。

前章では，いくつかの異なる具体的な統計データを見たが，1993年の都道府県別の作況指数データを用いて度数分布表を作成し，それを基に柱状グラフ（ヒストグラム）を作成したものが図1.8，図1.9であった。

この形は読者の予想したとおりであったろうか？

1993年は異常気象のため，東北・北海道で作況指数の低い県があり，例年とは異なる分布（ヒストグラム）になっていた。それでは，集団性はどのような特性値で測定すべきであろうか？

それは，基本的には分布の中心（軸，柱）を示す算術平均や中央値，最頻値などの代表値や代表値からの散らばり具合（散布度）—逆からみれば，代表値のまわりへのデータの集中度—を示す標準偏差やデータの非対称性の程度の測定などにより行われる。

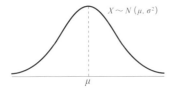

$X \sim N(\mu, \sigma^2)$

図2.1の上にある $X \sim N(\mu, \sigma^2)$ は，確率変数 X が，平均 μ，分散 σ^2 の正規分布 Normal distribution に従うことを示している。

図 2.1　正規分布

本章では，まず，分布の中心（代表値）を，算術平均，最頻値，中央値など
からみていくことにする。その際，前提として左右対称の正規分布（図 2.1）を
前提に話を進めていく（正規分布についてより詳しくは第 8 章 7 節にて解説）。

1 算術平均

算術平均 **Arithmetic Mean**（以下，M_A）は，英語では，mean, average と呼
ばれているものである。算術平均は記号としては，$\bar{x}$ あるいは M_A で表記され
るが，データ値の総和を計算し，その総和をデータ数 N で割ることにより計
算される。定義式は（2.1）式の通りである。

$$算術平均\ M_A = \sum_{i=1}^{n} x_i$$
$$= \frac{x_1 + x_2 + x_3 + \cdots\cdots + x_{n-1} + x_n}{n} \tag{2.1}$$

この式の中の，記号 Σ はシグマと呼び，$\sum_{i=1}^{n} x_i$ は Σ の後の変数 x_i を $i=1$ から n ま
で加えた合計（足し算）を意味している。ちなみに，この i は iteration（繰り返す）
の頭文字をとっている（次章，第 3 章では，散らばりの測度として，同じ呼称シグ
マが記号 σ として使われるが，これは，算術平均からのズレ（偏差）を示す標準偏差
を意味しており，その 2 乗，σ^2（シグマ 2 乗）は分散を指している）。

算術平均 M_A はすべてのデータ値を用いて計算したものであり，客観性をも
つが，分布の中心（軸）を常に示すかといえば，そうともいえない。外れ値の
影響を受けやすいという欠点をもつし，そもそも，代表性という点でいえば，
分布の形が左右対称でない場合—私たちの身の回りの事象（経済，経営，社会事
象等）では，圧倒的に，このケースが多い—には，中心（軸）とはとても見えな
いことがしばしばである。

2 加重算術平均

加重算術平均 M_w は，各データの重み weight を反映して計算する算術平均である。この重み weight は，計算するケースにより異なるが，重みの合計は 1（100%）となる。

$$加重算術平均\ M_w = \frac{w_1 \times 1 + w_2 \times 2 + w_3 \times 3 + \cdots\cdots + w_{n-1} \times (n-1) + w_n \times n}{W} \quad (2.2)$$

ここで，$W = w_1 + w_2 + w_3 + \cdots\cdots + w_{n-1} + w_n$ である。
例題で考えてみよう。

〔例題〕

ある大学食堂では，3種類のランチ（定食）が提供されている。これらのランチの価格とある日の販売食数は，**表 2.1** の通りであった。このとき，ランチの平均価格はいくらになるか。

表 2.1　大学食堂のランチ（定食）のデータ

ランチ（定食）	価格（円）	販売数（食）	ウェイト
A ランチ	400	500	0.5
B ランチ	500	300	0.3
C ランチ	600	200	0.2
合計	1500	1000	1.0

まず，算術平均 M_A で，$\dfrac{(400 + 500 + 600)}{3} = 500$ 円と思い浮かんだ人はいないであろうか？

これは誤りである。

この場合には，**表 2.1** の右端の列に示されているように，それぞれの定食の食数は同数ではなく，総販売食数に占める割合である重み w も異なっている。価格が一番安い A ランチは，500 食と総計 1,000 食に対し，0.5（= 50.0%）

とウェイトが一番大きく，次いで，Ｂランチが 300 食で 0.3（＝30.0%）の重み
となり，一番高いＣランチは，200 食で 0.2（＝20.0%）の重みとなっている。

これらの重みを使って計算した加重算術平均 M_w は，

$$\text{加重算術平均 } M_w = 0.5 \times 400 + 0.3 \times 500 + 0.2 \times 600$$
$$= 470$$

となる。この 470 の単位が ［円／食］となっていることにも注意が必要である。

重要なことは，食数の違いを反映していない，誤った算術平均 M_A は 500 円
なので，正しい加重算術平均 M_w 470 円よりも大きくなっていることである。
算術平均 M_A のオーバーシュート（的を大きく外すこと）ぶりが見える。しかし，
それは，分布の形に従って生じたものである。

この点を，最頻値・モード M_O や中央値・メディアン M_D などとともに確
認してみよう。

3 最頻値

名義尺度をもつデータの場合，分布の中心はデータの中で最も頻度の高い値
である**最頻値 Mode**（以下，M_O）により示される。

最頻値 M_O が 1 つの場合を単峰分布，2 つの場合を複峰分布，3 つ以上の場
合を多峰分布という。

また，与えられた情報が個別のデータではなく，度数分布表のみの場合，最
頻値 M_O は一番度数の多いクラスの階央値となるが，それは，次の式により計
算できる。

$$\text{最頻値 } M_O = （\text{そのクラスの下限値}）+ \frac{1}{2} \times （\text{クラスの幅}） \tag{2.3}$$

このように，見つけやすく，また計算も可能というメリットのある最頻値
M_O であるが，他方では，以下のようなデメリットもあるので注意が必要であ
る。

① クラス分けの影響を受けやすいこと
② 2つの異なる標本間の比較ができないこと
③ 標本数が少ないときには無意味であること
④ 度数に差がないデータ集団の場合には，特定しにくいこと

また，度数の高い最頻値 M_O を代表値とするという考えについては，医学上の立場から，「頻度の高さが必ずしも特異性を示さない」，つまり集団に備わっている特殊な性質を示さないという主張があることも知っておく必要がある。

4 中央値

順位尺度をもつデータの場合，データをその尺度に基づいて—例えば，作況指数の場合のような大きさの順に—並べ替え sort，データ全体を左右50%に二分する値が中央値 Median（以下，M_D）である。

データ数 N が与えられている場合，データを大きさの順に並べた後，N が奇数ならば，中央値 M_D は $\frac{N}{2}+1$ 番目のデータであり，N が偶数ならば $\frac{N}{2}$ 番目と $\frac{N}{2}+1$ 番目のデータの算術平均である。

中央値 M_D は計算が容易であり，データに含まれる外れ値 Extraordinary Outliers —極端に高い値や低い値—に影響されない，安定した値でもある。

では，最頻値 M_O と同様，与えられたものが個別のデータではなく，度数分布表しか与えられていない場合，中央値 M_D は次式により計算すればよい。

中央値 M_D
= （中央値 M_D を含むクラスの下限値）+

$$\frac{\{(N/2-(中央値 M_D を含むクラスまでの累積度数)\}}{(中央値 M_D を含むクラスの度数)} \times (クラスの幅) \quad (2.4)$$

5 | 分位点

1. 分位点とその探し方

　ここで，分位点について説明を加えておくことにする。というのは，**中央値** M_D も分位点の一つであり，50％分位点であるからである。

　百分位点（パーセンタイル，**Percentile**）は，データを大きさの順に並べたとき，データ数の 1/100 の個数を含む区間の境界となる値であり，度数分布においてこの境界値の相対的な位置を示すものとなる。

　利用者の目的に従って，上側もしくは下側から 5％，10％，15％，20％，25％，40％，45％……，70％，75％，80％，90％，95％等などの任意の分位点を考えることができる。

　この中でも，全体を四分の一ずつに分ける点である**四分位点 Quartile** や十分の一ずつに分ける**十分位点 Decile** がよく使われる。

　任意の分位点の見つけ方は，以下の通りである。

　一般に，任意の定点 p に対して，データを大きさの順に並べたとき，次のような点 α を $100p$％分位点という。

条件

　α より小さいデータの数がデータ総数に占める割合が $100p$％ 以下であり，

　α より大きいデータの数がデータ総数に占める割合が $100(1-p)$％ 以下であること。

　ただし，上述の「ある値以下のデータの数がデータ総数に占める割合」とは，累積相対頻度を意味している。

　また，下記の点も参考になる。

　データ数 N が分位点の数 k の倍数になっている場合，$100p$％分位点はデータを k のグループに分けた際の各クラスの上限値と一つ上のクラスの下限値の算術平均値となる。

〔問題 2.1〕　次のケースにおける，5％分位点，15％分位点，20％分位点，40％分位点，60％分位点，80％分位点，85％分位点，95％分位点を見つけなさい。

N=21

データ　1, 2, 3, 4, 5, 6, 7, 8, 9, 10, 11, 12, 13, 14, 15, 16, 17, 18, 19, 20, 21

2.　四分位点

分位点の中でもデータを四分の一，すなわち 25％ずつに分ける四分位点がよく用いられる。それは，$p = 0.50$ を満たす第 2 四分位点が中央値 M_D（メディアン）だからである。

$p = 0.25$ を満たす点を**第 1 四分位点** Q_1，$p = 0.50$ を満たす点を**第 2 四分位点** Q_2，$p = 0.75$ を満たす点を**第 3 四分位点** Q_3 と呼ぶ（第 3 章図 3.1 参照）。

四分位点は，データ数 N が 4 の倍数の場合と 4 の倍数でない場合の 2 つに分けて見つけることが必要となる。

① データ数 N が 4 の倍数の場合

同じデータ数の 4 つのグループに分けることができる。この場合，第 1 四分位点 Q_1，第 2 四分位点 Q_1，第 3 四分位点 Q_1 は，各グループの隣り合うグループの級上限と級下限の算術平均値となる。

〔例 1〕データ数 $N = 4$ で，データが，24, 26, 28, 30 の場合には，

第 1 四分位点 $Q_1 = 25$，第 2 四分位点 $Q_1 = 27$，第 3 四分位点 $Q_3 = 29$

〔例 2〕データ数 N=8 で，データが，24, 26, 28, 30, 32, 34, 36, 38 の場合には，

第 1 四分位点 $Q_1 = 27$，第 2 四分位点 Q_1=31，第 3 四分位点 Q_3=35

② データ数 N が 4 の倍数でない場合

データ総数 N が，4 の倍数以外の場合には，累積相対度数が，p 以上になる最初の値が $100p$％分位点となる。

以下のケースで考えてみよう。

〔例 3〕データ数 N=5 で，データが，24, 26, 28, 30, 32 の場合には，

第 1 四分位点 $Q_1 = 26$，第 2 四分位点 Q_1=28，第 3 四分位点 Q_3=30

〔問題 2.2〕 表 1.5 水稲の作況指数（1993 年，平年作 =100）の 47 個のデータを用いて，第 1 四分位点 Q_1，第 2 四分位点 Q_2，第 3 四分位点 Q_3 を見つけなさい。

6 分布の歪みと最頻値 M_O，中央値 M_D，算術平均 M_A の関係

　ところで，分布の形は，最頻値 M_O，中央値 M_D，算術平均 M_A にどのような影響を与えるのであろうか？

　いや，そもそも分布の歪みとはどのようなものなのか？　これらについて，少し考えてみよう。

　図 2.2 にはさまざまな分布が示されている。この図には，歪度 Skewness，尖度 Kurtosis，峰の数 Modality という点からのタイプ分けが示されている（これらのタイプ分けの基準になっているのが，すでにみた左右対称の正規分布（図 2.1）であり，対称的単峰分布である）。

　この図 2.2 の中には，同じ正規分布といってもさらにいくつかの特徴（差異）をもった正規分布があることがわかる。ピークが一つで左右対称のベル型分布のみならず，分布のピークの尖度が異なると，③急尖形や④緩尖型の正規分布

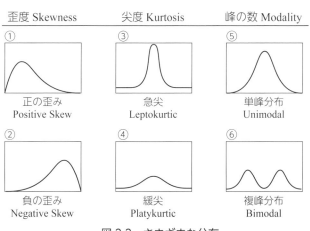

図 2.2　さまざまな分布

となり，ピークが2つあれば，⑥複峰分布となる。

　ところで，この中で，①②の分布は「歪んだ分布」と呼ばれる。読者の皆さんはこれらの分布は，それぞれ右か左，どちらに歪んでいると思われるだろうか？

　統計学では，①は「右 positive（＋）に歪んだ分布」，②は「左 negative（−）に歪んだ分布」と呼ぶ。これらの歪んだ分布の場合，左右対称の正規分布のように，最頻値 M_O，中央値 M_D，算術平均 M_A は一致せず，ずれ，離れていく。しかも，この3つの代表値の並ぶ順番には，規則性がある。

　例えば，①の右に歪んだ分布の場合には，アルファベットの昇順で並ぶのである。すなわち，最頻値 M_O，中央値 M_D，算術平均 M_A の順に並ぶのである。関係としては，以下のようになる（図2.3）。

$$算術平均 M_A ＜ 中央値 M_D ＜ 最頻値 M_O$$

　また，②左に歪んだ分布の場合には，逆に，アルファベットの降順で並ぶのである。

　この事実自体も，新鮮な知識かもしれないが，私たちの身の回りのデータは左右対称の正規分布をするデータよりも，歪んだ分布であったり，複峰分布であったりすることが多い。したがって，いつでも，どこでも分布の中心（軸）

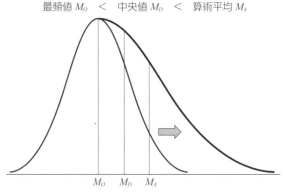

$$最頻値 M_O ＜ 中央値 M_D ＜ 算術平均 M_A$$

M_O　M_D　M_A

Mode 最頻値＜*Median* 中央値＜*Mean* 算術平均

図2.3　右に歪んだ分布の場合の配列

が算術平均 M_A であると考える根拠は乏しく，むしろ，正規分布を前提としないで，分布の中心（軸）を考えなければならないケースが多くなるのである。

分布の中心が算術平均 M_A でなければ，中央値 M_D や最頻値 M_O を考えなければならない。分析を行う，各ケースで，データが作り出す分布全体の特徴をしっかり見ながら，代表値，中心（軸）を考えなければならないのである。

7 調和平均／速度の平均，平均変化率を測る

いきなり，問題を出してしまうが，いま，あるトラックが，2 地点 A,B 2 ℓ km のうち，半分を時速 60km/hr，残りの半分を時速 30km/hr で走った。「このときの平均時速を求めなさい」と問われたら，読者の皆さんは直感的にどのような数値を思い浮かべるであろうか？

「45km/hr」と思い浮かべた方もおられるのではないだろうか？　早速，確かめてみよう。

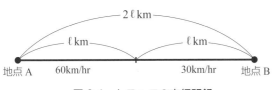

図 2.4　トラックの走行記録

このトラックの走行距離を 2ℓkm とすると，半分の ℓkmr を時速 60km/hr，残りの半分を 30km/hr で走行したのであるから，最初の ℓkmr の所用時間は，ℓkm/(60km/hr) = ℓ/60[hr] で，残りの半分は，ℓkm/(30km/hr) = ℓ/30[hr] である。

したがって，平均時速は下記のように計算できる。

$$\text{平均時速}\,[\text{km/hr}] = \frac{2\ell\,[\text{kmr}]}{\ell/60\,[\text{hr}] + \ell/30\,[\text{hr}]}$$

$$= \frac{2}{1/60 + 1/30} = \frac{2}{3/60} = \frac{2}{1/20}$$

$$= 40 \,[\text{km/hr}]$$

となる。平均時速は 40［km/hr］となり，ここでも算術平均値 45［km/hr］が正しい値よりもオーバーシュートしていることがわかる。

実は，この正しい平均時速を直接求めることができるのが**調和平均 Harmonic mean**（以下，M_H）である。調和平均 M_H は，データの逆数—もともとのデータの単位も逆数となる—の算術平均をとり，そのまた，逆数をとる—データの元の単位に戻る—ことにより得られる。下記の (2.5) 式で定義される。

$$\text{調和平均 } M_H = \frac{1}{\dfrac{1}{n} \sum \dfrac{1}{x_i}} \tag{2.5}$$

〔問題 2.3〕　ある自動車は，全体の 3 分の 1 を時速 30［km/hr］，次の 3 分の 1 を 40［km/hr］，そして残りの 3 分の 1 を 50［km/hr］で走行した。このときの平均時速を求めなさい。

〔問題 2.4〕　ある自動車は，2 地点 A,B 間を走行した。この際，往路は時速 40［km/hr］で走り，復路は全体の 3 分の 1 を時速 30［km/hr］，次の 3 分の 1 を 40［km/hr］，そして残りの 3 分の 1 を 50［km/hr］で走行した。このときの平均時速を求めなさい。

8 幾何平均

幾何平均 Geometric mean（以下，M_G）は，比率尺度をもったデータに対し一定期間における平均変化率，成長率，増減率などの計算の場合に用いるものである。

$$\text{幾何平均 } M_G = \sqrt[n]{\frac{x_n}{x_0}} - 1 \tag{2.6}$$

ここで x_0 は初期時点の，また，x_n は比較時点の x の値である。

次ページの**表2.2**には，日本の国立大・私立大授業料の推移が示されている。**図2.5**はその折れ線グラフである。国立大を1とすると，私立大学の授業料はそのほぼ2倍の額で推移していることがわかる。

さて，**表2.2**から，国立大学の場合，授業料は，1975年の36,000円から上昇を続け，2005年度には535,800円となっており，その後もこの額で現在に至っている。

また，1975年の36,000円から，翌1976年には96,000円と2.67倍に上昇した。このとき変化率 g は，連続した期間の増減率の計算なので，通常の増減率の計算方法にのっとり，

$$g = (96{,}000 - 36{,}000)/36{,}000 = 166.7$$

であり，166.7%の上昇率となる。

しかし，1977年は同額の96,000円であったが，1975年から1977年にかけての増減率は，この計算では誤りとなり，幾何平均を用いて計算しなければならない。すなわち，1975年の36,000円を初期値として，2年間にかけての平均変化率を計算しなければならない。

$$\text{幾何平均 } M_G = \sqrt{\frac{96{,}000}{36{,}000}} - 1 = 0.633$$

すなわち，63.3%の上昇率となる。

このようにして，1975年を初期値にして2005年までの幾何平均 M_G を計算したものが，**表2.2**の右端（2列）の数値である。また，**図2.6**には，国立・私立大学学費の幾何平均の推移（1975年を初期値とする）が折れ線で示されている。

これを見ると，国立大学の学費を幾何平均で測った平均変化率の方が，私立大学学費の平均変化率よりも高く，1980年代後半以降，私学のほぼ2倍で推移していることがわかる。

表 2.2　国立大学・私立大学の授業料の推移

初期時点 = 1975 年度

年度	国立大学	私立大学	国立大学幾何平均 （対前年度変化率）	私立大学幾何平均 （対前年度変化率）
1975	36,000	182,677	—	—
1976	96,000	221,844	166.7%	21.4%
1977	96,000	248,066	63.3%	16.5%
1978	144,000	286,568	58.7%	16.2%
1979	144,000	325,198	41.4%	15.5%
1980	180,000	355,156	38.0%	14.2%
1981	180,000	380,253	30.8%	13.0%
1982	216,000	406,261	29.2%	12.1%
1983	216,000	433,200	25.1%	11.4%
1984	252,000	451,722	24.1%	10.6%
1985	252,000	475,325	21.5%	10.0%
1986	252,000	497,826	19.4%	9.5%
1987	300,000	517,395	19.3%	9.1%
1988	300,000	539,591	17.7%	8.7%
1989	339,600	570,584	17.4%	8.5%
1990	339,600	615,486	16.1%	8.4%
1991	375,600	641,608	15.8%	8.2%
1992	375,600	668,460	14.8%	7.9%
1993	411,600	688,046	14.5%	7.6%
1994	411,600	708,847	13.7%	7.4%
1995	447,600	728,365	13.4%	7.2%
1996	447,600	744,733	12.8%	6.9%
1997	469,200	757,158	12.4%	6.7%
1998	469,200	770,024	11.8%	6.5%
1999	478,800	783,298	11.4%	6.3%
2000	478,800	789,659	10.9%	6.0%
2001	496,800	799,973	10.6%	5.8%
2002	496,800	804,367	10.2%	5.6%
2003	520,800	807,413	10.0%	5.5%
2004	520,800	817,952	9.7%	5.3%
2005 以降	535,800	817,952	—	—

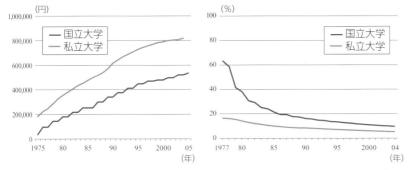

図 2.5　国立・私立大学の授業料の推移　図 2.6　国立・私立大学学費の幾何平均 M_G の推移（1975 年を初期値とする）

〔問題 2.5〕　ある企業の初年度の売上は 1,000 万円，利益は 200 万円であったがその 5 年後には，売上は 1 億円，利益は 1,800 万円となった。このとき，売上と利益の平均増加率を求めなさい。

また，10 年後には，売上は 2 億円，利益は 3,000 万円となった。このときの，売上と利益の平均増加率も求めなさい。

9　平方平均— 一芸を測る

幾何平均 M_G と類似した平均として**平方平均 Quadratic mean**（以下，M_Q）がある。二乗平均平方根 Root mean square，RMS とも呼ばれる。平方平均 M_Q は次式 (2.7) で定義される。

$$平方平均\ M_Q = \sqrt{\frac{\sum x_i^2}{n}} \qquad (i = 1 + 2 + \cdots + n) \qquad (2.7)$$

算術平均が同じであることは，データの特徴を見えにくくする場合もある。

例えば，A 大学では，全国共通して行われる入試において，総合点で合格・不合格を決めるが，加えて，科目（数学と英語）別にボーダー（最低点）を設置し，各科目で 60 点以上をとることを要件としている。

これに対し，B大学ではボーダーは設定せずに，同じ2科目の総合点で評価する方式をとっている。

いま，2科目を70点ずつ取っているXさんと，英語は50点，数学は90点をとっているYさんがいる。

Xさんは，A,B両大学に合格するが，YさんはB大学は合格するが，A大学は不合格となる。

Yさんの場合，A大学が不合格になるのは，総合点，したがって，算術平均は同じでも，各科目毎のボーダーがあるからである。この要件（ボーダー）をなくし，なおかつ，Yさんの90点という高い得点を積極的に（高く）評価する方法はないものだろうか？　実はあるのである。それは，この平方平均である。

表2.3　XさんとYさんの平方平均 M_q による評価

	英語	数学	平方平均 M_q
Xさん	70	70	**70.0**
Yさん	50	90	**72.8**

表2.3のように，XさんとYさんの英語と数学の科目を設定して，平方平均 M_Q を計算してみよう。

$$\text{Xさんの平方平均} \quad M_Q = \sqrt{(70^2 + 70^2)/2} = 70.0$$
$$\text{Yさんの平方平均} \quad M_Q = \sqrt{(50^2 + 90^2)/2} = 72.8$$

Xさんは70.0点であるが，Yさんは72.8点となる。Yさんの数学の高得点が積極的に評価されたわけである。いわゆる一芸入試は，近年，めっきり減ったが，平方平均は，「一芸評価」機能をもつのである。

平方平均を一般化すると，以下のような形となる。

$$m \text{乗平均} = \sqrt[m]{\frac{\sum x_i^m}{n}} \quad (i = 1, 2, 3 \ldots\ldots, n\text{-}1, n) \tag{2.8}$$

〔問題 2.6〕

　いま，A，B，2つのコンビニの品揃えと店員のマナー・サービスについて 100
点満点での評価を行うとする。結果は表のようになった。

　このとき，コンビニ A，B それぞれの平方平均 M_q を計算し，結果を解釈しな
さい。

表　A,B　2つのコンビニについての評価

	コンビニ A	コンビニ B
品揃え	80	60
店員のマナー・サービス	80	100
平方平均 M_q		

10 切り落とし平均（すそ切り）──「外れ値」対応

　切り落とし平均 Trimmed mean は，外れ値の影響を取り除くために利用さ
れる。すなわち，大きさの順に並べたデータの両端の値を削除し，残りの中央
値 M_D 周辺のデータの平均値をとったものである。

　第 1 四分位点 Q_1 から第 3 四分位点 Q_3 までのデータの平均値として定義さ
れる。

　また，第 1 四分位点 Q_1，第 2 四分位点 Q_2（$= M_D$），第 3 四分位点 Q_3 を用
いた，以下のようなものもある。

$$3 \text{点平均} = \frac{(Q_1 + 2Q_2 + Q_3)}{4} \tag{2.9}$$

11 移動平均──滑らかさを測る

　時間の変化にともなって値が変わるデータを**時系列データ Time-Series-Data**
という。時系列データは，季節変動という要因により，ジグザクな動きをとるこ
とが多い。この季節変動を取り除くための方法が**移動平均 Moved mean** である。

n 項移動平均は,

$$M_m = \frac{\sum x_i}{n} \quad (\, i = 1, 2, \ldots\ldots, n) \tag{2.10}$$

で計算され, その n 期の真ん中の時点のデータとして取り扱う。

　私たちの年金資金を運用している年金積立金管理運用独立行政法人 (Government Pension Investment Fund, 以下, GPIF) は, そのホームページでいくつかの統計を公表している。収益額や収益率も公表しており, **表 2.4** は, GPIF の資金運用収益額の推移を示している。さらにこの収益額の原数値と 3 項, 5 項, 7 項の移動平均を計算したものが示されている。

　また, **図 2.7** が各移動平均の折れ線グラフである。

表 2.4　運用開始後の収益額と移動平均値の推移 (2001-2019)

年度	収益額 (億円)	3 項移動平均	5 項移動平均	7 項移動平均
2001	▲ 5874.0	−	−	−
2002	▲ 24530.0	6170.7	−	−
2003	48916.0	16837.7	26851.6	−
2004	26127.0	54887.3	35915.4	30850.9
2005	89619.0	51730.3	29785.8	22335.9
2006	39445.0	24628.7	1306.4	15181.1
2007	▲ 55178.0	▲ 36404.7	14451.0	3894.9
2008	▲ 93481.0	▲ 18936.3	▲ 4072.6	1211.7
2009	91850.0	▲ 1543.3	▲ 6743.2	5307.0
2010	**▲ 2999.0**	38314.3	26736.8	28622.7
2011	26092.0	45105.0	65874.4	56900.0
2012	112222.0	80173.7	78088.8	38877.4
2013	102207.0	122450.3	▲ 27331.0	11360.3
2014	152922.0	▲ 91656.3	▲ 16676.8	▲ 20989.0
2015	▲ 530098.0	▲ 99271.0	▲ 18959.2	▲ 23425.9
2016	79363.0	▲ 116641.7	▲ 34641.6	▲ 44659.6
2017	100810.0	67989.3	▲ 80378.0	−
2018	23795.0	16281.7	−	−
2019	▲ 75760.0	−	−	−

（出所）GPIF の HP より作成

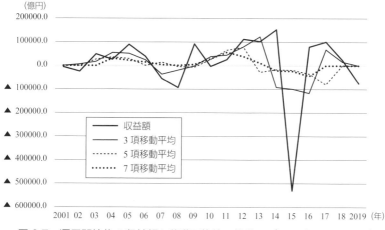

図 2.7　運用開始後の収益額と移動平均値の推移のグラフ（2001-2019）

　移動平均は，項の数（期間）を大きくするほど，折れ線が滑らかになることがわかる。

12　特化係数—出汁の主産地の発見

　表 2.5 は，2014 年の節類主要都県別生産額とその構成比，そして 10 都県内の構成比を示している（長谷川，2018）。（太字は特化係数（表 2.6）が高くなる生産額と構成比（%）の欄，並びに 10 都県の生産額の合計を示している。）

　ここで，節類とは，日本料理の出汁に欠かすことができない鰹節，かつおなまり節，さば節，節類その他を指すが，表の左側には，2014 年度のこれらを生産している 10 の都県の生産量（ton）と 10 の都県の合計（A）に対する都県別の構成比が示されている。これを見ると鹿児島県が 46.8% と 10 都県の半分近くを生産し，次いで，静岡県が 22.9%，そして熊本県が 22.2% と，この 3 県で，10 都県全体の 91.9% を占めていることがわかる。鰹と言えば，高知県土佐がまず頭に浮かぶが，現在は，鰹節等の生産は，土佐ではなく，鹿児島がその柱であり，静岡，熊本が両脇で支えているのである。

表 2.5 節類主要都県別生産量 (ton)・同構成比 (%) と 10 都県内の構成比 (%) (2014 年)

	かつお節	かつおなまり節	さば節	その他	節類合計 A (行和) 合計 (ton)	構成比 10都県別 (%)	かつお節	かつおなまり節	さば節	その他	節類合計 C (行和) 合計
千葉県	83	10	115	**150**	358	0.7%	23.2%	2.8%	32.1%	**41.9%**	100.0%
東京都	43	4	**73**	4	124	0.2%	34.7%	3.2%	**58.9%**	3.2%	100.0%
静岡県	6,793	871	3,289	993	**11,946**	22.9%	56.9%	7.3%	27.5%	8.3%	100.0%
三重県	90	66	77	31	264	**0.5%**	34.1%	25.0%	29.2%	11.7%	100.0%
和歌山県	35	28	**1,251**	587	1,901	3.6%	1.8%	1.5%	65.8%	30.9%	100.0%
高知県	158	79	107	**1,190**	1,534	2.9%	10.3%	5.1%	7.0%	**77.6%**	100.0%
長崎県	**9**	0	3	0	12	0.0%	**75.0%**	0.0%	25.0%	0.0%	100.0%
熊本県	10	0	**5,662**	5,930	11,602	22.2%	0.1%	0.0%	48.8%	51.1%	100.0%
宮崎県	1	8	16	66	91	0.2%	1.1%	8.8%	17.6%	72.5%	100.0%
鹿児島県	20,347	535	2,508	1,052	24,442	46.8%	83.2%	2.2%	10.3%	4.3%	100.0%
10都府県合計	27,569	1,601	13,101	10,003	52,274	100.0%	52.7%	3.1%	25.1%	19.1%	100.0%
全国合計	27,612	1,699	13,332	10,674	53,317		51.8%	3.2%	25.0%	20.0%	100.0%

（出所）長谷川（2018）

　また，この表の右側（太枠部）は，10 都県内の各節類別の構成比（％）（C）を示している。節類の総量の上位 3 県は，鹿児島，静岡，熊本でも，熊本はその他節類が 51.1％と最も多く，次いで少しの差でさば節が 48.8％となっており，静岡はかつお節が 56.9％，次いでさば節が 27.5％となっており，品種が多様である。これに対し，鹿児島はかつお節が 83.2％と断トツに高く，これに次ぐさば節は 10.3％にとどまっている。鹿児島はかつお節に特化していると考えることができる。

　また，これら 3 県に比べると生産量は少ないが，他の 7 都県も各都県内の構成比でみると，千葉は節類その他が 41.9％と最も高く，東京はさば節が 58.9％と最も高く，三重はかつお節 34.1％，さば節 29.2％，かつおなまり節 25.0％とほぼ 3 種のバランスがとれている。また，和歌山はさば節が 65.8％，節類その他が 30.9％とさば節に特化しており，長崎もかつお節が 75.0％，さば節が 25.0％とかつお節に特化していることがわかる。さらに，宮崎も節類その他が 72.5％と特化していることがわかる。

このように，10都県全体でみた場合，鹿児島，静岡，熊本で生産量全体の90％強を占めるという特徴と各都県内での節類別の構成比の順位と集中度はそれぞれで異なり，同一ではないという点がわかった。

　「データを読む論理」として，節類別の同一標識区分（都県別）の範囲（列／縦方向）でみるときは，「数値の大小に応じて，多い，少ない」としてよいが，横（行）方向にみた標識区分（節類別）の異なるデータについては，数値の大小を（そのままでは）「多い，少ない」と読み替えることはできないのである（上田1988）。**表 2.5** の右側（太枠部）において，かつお節では鹿児島が83.2％，長崎が75.0％，静岡が56.9％という数値になっているが，ここから長崎が静岡より多いということはできないのである。また，さば節での場合でも，和歌山65.8％，東京58.9％，熊本48.8％となっているが，この順に生産量が多いとはいえないのである。なぜなら，「多い，少ない」の基準が，節の種類（標識区分）ごとに異なるからである。

　さて，興味深いのは，かつおなまり節における三重である。三重は，10都県における節類の生産シェアはわずか0.5％に過ぎないが，三重県内ではかつお節を34.1％，さば節を29.2％，かつおなまり節を25.0％，節類その他を11.7％生産している。しかし，かつおなまり節を縦方向にみると，三重の25.0％は10都県の中では断トツに大きい値になっている。

　行（ヨコ）方向のデータについては，数値の大小で「多い，少ない」と大小比較を行えず，こうした読み方が誤りであることは確認できたが，長崎のかつお節や和歌山県のその他，三重のかつおなまり節など，ある製品の種類に集中，すなわち，特化していることを数値化できないであろうか？これを行うには，**特化係数 Coefficient of Specialization** を利用すればよいのである。特化係数は，(2.11) 式のように定義される。

$$\text{特化係数} = \frac{\text{各集団区分における構成比}}{\text{全体でみた構成比}} \qquad (2.11)$$

　表 2.5 のデータを用いて，特化係数を計算した結果が，**表 2.6** である。特

化係数が1を超えると，全体でみた構成比以上の各都県別の構成比となっていることを示している。東京のさば節の1.116，静岡のかつお節の1.078，和歌山のさば節の1.248，高知の節類その他の1.471，宮崎の節類その他の1.375，鹿児島のかつお節の1.578がこれに該当している。また，特化係数が1以上の節類について，1.25以上のセルに ++ の記号をまた，1以上1.25未満のセルに + の記号を付した。

表2.6　特化係数

	かつお節	かつお なまり節	さば節	節類 その他	合計（ヨコ） （%）
千葉県	0.440	0.053	0.609	**0.794**(−)	100.0
東京都	0.658	0.061	**1.116**(+)	0.061	100.0
静岡県	**1.078**(+)	0.138	0.522	0.158	100.0
三重県	0.646	0.474	0.553	0.223	100.0
和歌山県	0.035	0.028	**1.248**(+)	0.585	100.0
高知県	0.195	0.098	0.132	**1.471**(++)	100.0
長崎県	**1.422**(++)	0.000	0.474	0.000	100.0
熊本県	0.002	0.000	**0.925**(−)	**0.969**(−)	100.0
宮崎県	0.021	0.167	0.333	**1.375**(++)	100.0
鹿児島県	**1.578**(++)	0.042	0.195	0.082	100.0
10都道府 県合計	1.000	0.058	0.475	0.363	100.0
構成比（%）	52.7	3.1	25.1	19.1	100.0

（注）（ ）内は特化係数に基づく符号。1.25以上は（++），1以上1.25未満は（+），1未満は（−）。
（出所）表2.5に同じ

第3章
分布の広がりの測度（散布度）
——散らばりを測る

　分布の中心（軸）の位置がわかったならば，その中心（軸）が代表性をもつかどうかを確かめる必要があるし，分布全体の形を知ることも必要となる。すなわち，散らばり具合（散布度）を調べることが肝要となる。そのためには，データ全体の散らばりそのものを見ること，平均値や中央値などの中心（軸）からのデータの広がりの程度（散布度あるいは中心化傾向）を測ること，そして，平均値に対する相対的な散らばり具合をみることなどが役に立つ。

　ここでは，散布度の測度として，まず，範囲を，次いで四分位範囲，平均偏差，そして分散・標準偏差，変動係数，標準化変量 z と 3σ（シグマ）のルール，箱ひげ図を紹介し，最後にチェビシェフの不等式を見ておくことにする。

1 範囲

　範囲 _Range_ は，すでに第1章でみたようにデータの中の最大値と最小値の差として定義される。すなわち，以下のようになる。

$$範囲\ R = 最大値\ Max - 最小値\ Min \tag{3.1}$$

　例えば，データの中の最大値 _Max_ が119で，最小値 _Min_ が19であれば，範囲 $R = 119 - 19 = 100$ となる。範囲 R が大きければ，散らばり具合（散布度）は大きくなり，逆に小さければ，散らばり具合（散布度）は小さくなるという

ようにとてもわかりやすい測度である。

　また，範囲 R はこの計算のしやすさという利点とともに，度数分布表における クラス数を決定する重要な情報ともなるが，最大値や最小値の間にある データの情報が反映されないことや最大値や最小値が他のデータ値と異なり，極端に大きな値あるいは小さな値となる外れ値である場合には，この1個の外れ値の影響を直接受けるという欠点をもつ。

　例えば，データが下記のような5つの値であるグループA，Bの場合を考えてみよう。

〈データグループA〉
　データ値；10，20，30，40，50のとき，範囲 R = 50 − 10 = 40
〈データグループB〉
　データ値；10，20，30，40，100のとき，範囲 R = 100 − 10 = 90

　5つ目のデータのみが値が異なり，グループAは50，グループBが100の場合，グループAの範囲は40，グループBの範囲は90となり，2.25倍の大きさとなる。たった一つのデータの値の相違がこうした大きな開きを生み出す範囲 R は，散らばりの測度としては，安定性を欠くということになる。

　一般に，データ数 N が増えると，範囲 R は大きくなるので，データ数 N が異なるデータ集団間の散布度を比較する場合には，注意が必要となる。

2 　四分位範囲・四分位偏差

　算術平均ではなく，**中央値 M_D** を軸とした場合の散布度の測定値としては，**四分位範囲 Interquartile range**（以下，IQR）や**四分位偏差 Quartile deviation**（以下，QD）がある。

　四分位範囲 IQR は，すでにみた第3四分位点 Q_3 と第1四分位点 Q_1 の差として定義される。

$$\text{四分位範囲}\,IQR = \text{第3四分位点}\,Q_3 - \text{第1四分位点}\,Q_1 \tag{3.2}$$

また，**四分位偏差 QD** は，四分位範囲 IQR の半分の値として定義される。

$$\text{四分位偏差}\,QD = \frac{\text{四分位範囲}IQR}{2} \tag{3.3}$$

四分位偏差 QD は，半（準）**四分位範囲 Semi interquartile range**（以下，**SQD**）あるいは**四分領域**とも呼ばれる。

これらの関係を整理しておこう。図 3.1 を参照されたい。

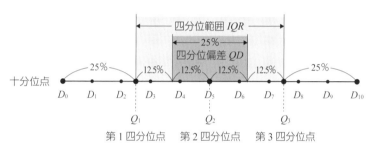

図 3.1　十分位点・四分位範囲・四分位偏差の関係

図 3.1 には，四分位点と十分位点の関係が示されている。

これを見ると，四分位範囲 IQR は中央値 Q_2 の左右に 25％ずつ，計 50％を含む範囲を示し，四分位偏差 QD は中央値 Q_2 の左右に 12.5％ずつ，計 25％を含む範囲を示していることがわかる。これらの測度は，データ全体の分布の形が，左右対称の正規分布に限定されず，左右どちらかに歪んでいるケース，さらには，正規分布以外の分布の場合にも適用できる。

3 ┃ 平均偏差

算術平均 $\bar{x}$（$=M_A$）を中心とした散布度の測度としては，後述する標準偏差，分散などが知られているが，**平均偏差 Mean deviation**（以下，**MD**）もある。平均偏差 MD は算術平均 $\bar{x}$ と各データ x_i の差の絶対値の和をデータ数 n で割

ることで得られる。

$$平均偏差\ MD = \frac{1}{n} \Sigma\ |x_i - \bar{x}| \qquad (i = 1, 2, 3, \cdots\cdots, n) \qquad (3.4)$$

平均偏差 MD は，各データ x_i と算術平均 $\bar{x}$ との差をそのプラス，マイナスという方向性を見るのではなく，差という距離のみをデータ1個当たりで見たものである。私たちの日常の仕事や生活の場でも，プラス，マイナスというズレの方向性ではなく，ズレの大きさのみが問題となるケースは少なくない。こうしたズレの計算をする場合には，平均偏差も一つの方法となる。

さて，少しわき道にそれるが，この算術平均と各データの差の絶対値の和をとるという考えは巧みである。というのは，算術平均と各データの差の和 $\Sigma(x_i - \bar{x})$ の平均を求めると，

$$\frac{\Sigma\ (x_i - \bar{x})}{n} = \frac{\Sigma x_i}{n} - \frac{\Sigma \bar{x}}{n} = \bar{x} - \frac{n\bar{x}}{n} = \bar{x} - \bar{x} = 0$$

と常にゼロになり，この計算は差を見出すには不適である。

しかし，絶対値を用いた演算の場合，算術平均 $\bar{x}$ と各データ x_i の差の絶対値はゼロ以上となり，データ一つ当たりのずれを測ることができる。ただ，絶対値を用いることで演算のケース分けが必要になったり，図形的にイメージしにくいという難点ももっている。そこで，次節で示すような分散 σ^2 や標準偏差 σ が考え出されたのである。

ここでは，平均偏差 MD ではないが，類似した尺度を使って少し，テストをしてみよう。図 3.2 がそのテスト用紙である。読者は，下記の作業をまず行ってほしい。

〔例題〕

マス目の中に自由に，30 個の点を打ってみよう。規則的でなく，バラバラに打ってみよう。

打ち終わったならば，計算である。この表は，縦 20 行，横 12 列からなり，

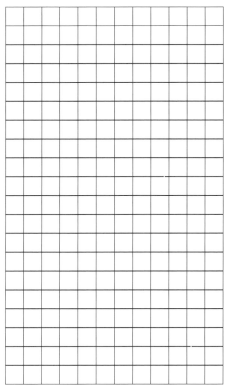

図 3.2　テスト用紙

合計 240 個のマス目がある。30 個は全体のマス目の 8 分の 1 である。

　また，30 個の点を縦 20 行，横 12 列で打つとすれば，それぞれの平均値は行あたり 1.5 個（＝30/20，［個／行］），列あたり 2.5 個（=30/12，［個／列］）となる。

　「規則的でなく」というのは，例えば，全体の点を菱形（◇）のように特定の形に打つことである。この場合には，「規則的でなく」という指示を理解できていないということになる。

　それでは，「バラバラ度」はどのように測るのか？

　このテストの考案者たちは，「バラバラ度」を算術平均からの乖離の程度で測った。「バラバラ度」は，すでに計算した行あたりの平均個数 1.5 個と各自

の打った点の個数との差の絶対値の和，そして，列あたりの平均個数2.5個と各自の打った点の個数との差の絶対値の和を計算し，それぞれの値をx, yとした点$P(x, y)$を見つけることで測定できる。そして，点$P(x, y)$を横軸と縦軸に取った座標にプロットするとテスト結果の分析が可能となる。

　原点から遠くに自分の得点座標$P(x, y)$があるとバラバラ度が小さくなっていることを示している。

　読者の得点（座標）はどのあたりにプロットされたであろうか？

4 分散と標準偏差

　散布度を考えるということは，これまで見てきたように，分布の中心あるいは軸である代表値を何にするかということと深く関係している。中心（軸）を算術平均M_Aにするのであれば，算術平均の左右にデータが集中していることが望ましい。また，分布の形も左右対称でベル状の単峰分布であることが望ましい。

　従来，統計学というよりもデータ処理の世界では，もともとのデータがどのような分布であってもデータを変換（正規化）し，正規分布にしたがった分布でデータを分析するということが行われてきた。その際，いわば別格の重要な散布度の測度として使われてきたのが，**分散 Variance**（以下，σ^2）と**標準偏差 Standard deviation**（以下，σ）である。

1. 分散と標準偏差の定義

　分散σ^2は，各データx_iとその算術平均値$\bar{x}$の差の二乗和をデータ数で割ったものであり，標準偏差σは，分散の平方根（$\sqrt{}$）をとったものである。読者は，分散σ^2の単位は，元のデータの単位の二乗となっており，その平方根σが元のデータと同じ単位になっている（戻っている）ことにも気づいてほしい。

　元のデータと同じ単位に戻ることで，算術平均値$\bar{x}$と標準偏差σは加えたり，減じたりすることが可能となる。$\bar{x} \pm \sigma$あるいは，$\bar{x} \pm 2\sigma$さらには$\bar{x} \pm 3\sigma$と

いう計算も可能になるのである。これを利用した「3σ（シグマ）のルール」は全体のデータを含む範囲について貴重な情報を与えてくれるが，6節で改めて説明する。

分散 σ^2，標準偏差 σ は，各データ x_i と算術平均値 $\bar{x}$ の差の絶対値の和を用いる平均偏差 MD よりも場合分けをしないですむなど演算の利便性に優れている。

$$\text{分散}\ \sigma^2 = \frac{\Sigma\,(x_i - \bar{x})^2}{n} = \frac{\Sigma x_i^2}{n} - \bar{x}^2 \tag{3.5}$$

$$\text{標準偏差}\ \sigma = \sqrt{\sigma^2} = \sqrt{\frac{\Sigma\,(x_i - \bar{x})^2}{n}}$$

$$= \sqrt{\frac{\Sigma x_i^2}{n} - \bar{x}^2} \tag{3.6}$$

2. 平均・標準偏差と桁数の悪戯（いたずら）

標準偏差は，散布度の違いにより，代表値（算術平均 $\bar{x}$ や中央値 M_D）の代表性の程度を示している。しかし，注意が必要なのは，データの桁数の違いである。

元データの桁数が大きいほど，平均値 $\bar{x}$ の桁数も大きくなる。標準偏差 σ も同様にデータの桁数が大きいほど，大きな値となる。したがって，データの桁

表3.1 桁数の悪戯（平均値 $\bar{x}$ と標準偏差 σ）

（単位：円）

データ A 群	10,000	20,000	30,000	40,000	50,000	平均 $\bar{x}$ =	**55,000**
$n = 10$	60,000	70,000	80,000	90,000	100,000	標準偏差 σ =	28,722.813

（単位：百円）

データ B 群	100	200	300	400	500	平均 $\bar{x}$ =	**550**
$n = 10$	600	700	800	900	1,000	標準偏差 σ =	287.2281323

（単位：万円）

データ C 群	1	2	3	4	5	平均 $\bar{x}$ =	**5.5**
$n = 10$	6	7	8	9	10	標準偏差 σ =	2.872281323

数が異なるデータ間で標準偏差 σ の大小を直接比較しても意味がない。

　いま，10 人の人の所持金が 1 万円から，1 万円刻みで 10 万円まであるとする（$n = 10$ となる）。このとき，算術平均値は 5 万 5 千円であり，標準偏差は 2 万 8 千 7 百 22 円となる。

　しかし，所持金の単位を変えた場合には，算術平均値や標準偏差の表記は**表3.1** のようになる。単位をデータ A 群は［円］に，B 群は［百円］に，C 群は［万円］にして，データの桁数が，2 桁ずつ減るようにしてある。

　表から，それぞれの群での平均値 $\bar{x}$ と標準偏差 σ は，単位を大きくし，データの桁数を小さくした群の方が小さくなることがわかる。実際の所持金は同じなのに，桁数を変えただけで，平均値 $\bar{x}$ は，データ A 群は［円］単位なので 55,000 円，B 群は［百円］単位なので 550 に，C 群は［万円］単位なので 5.5 になる。

　また，標準偏差 σ は，データ A 群は 28,722.813［円］に，B 群は 287.2281323［百円］に，C 群は 2.872281323［万円］となる。

　算術平均 $\bar{x}$ と同様に標準偏差 σ の違いも大きくなっているのがわかる。これが**桁数の悪戯**である。

　それでは，この桁数の悪戯の「悪戯」を取り除くにはどうすればよいであろうか？　このために用いられるのが，次節の変動係数もしくは変異係数である。

5　変動係数・変異係数

　一般に分散 σ^2 並びに標準偏差 σ は，データの桁数が大きくなるほど算術平均値 $\bar{x}$ と同じように，大きくなる。この点は，前節で確認したところである。したがって，複数のデータ群間の散らばりを比較する場合，分散 σ^2 や標準偏差 σ の値を直接比較するのではなく，算術平均値 $\bar{x}$ あたりで分散 σ^2 や標準偏差 σ の値を相対化し，比較することが有効になる。

　こうした相対化に役立つのが**変動係数 Coefficient of Variation**（以下，**C.V.**）

である。変動係数は**変異係数**とも呼ばれる。

$$変動係数 \ C.V. = \frac{標準偏差 \ \sigma}{平均値 \ \bar{x}} \times 100 \tag{3.7}$$

表 3.1「桁数の悪戯」のデータを使って，変動係数 $C.V.$ を計算してみよう。
表中の各群の平均と標準偏差を用いて計算した変動係数 $C.V.$ は下記の通り
である。

A 群	(単位：円)
平均 $\bar{x}=$	55000.000
標準偏差 $\sigma=$	28722.813
変動係数 _C.V._	**52.223**

B 群	(単位：百円)
平均 $\bar{x}=$	550
標準偏差 $\sigma=$	287.228
変動係数 _C.V._	**52.223**

C 群	(単位：万円)
平均 $\bar{x}=$	5.5
標準偏差 $\sigma=$	2.872
変動係数 _C.V._	**52.223**

データ A 群は［円］，B 群は［百円］，C 群は［万円］というように，デー
タの単位・桁数の異なる 3 つのグループでは，平均値 $\bar{x}$，標準偏差 σ の値は異
なっているが，変動係数 $C.V.$ はいずれも 52.223 となり，相対的な散らばりが
同一となっており，桁数の悪戯が取り除かれていることがわかる。

〔例題〕

表 3.2「喫煙習慣者割合の年次推移 (性・年齢階級別)」を例に，平均値 $\bar{x}$，標

表 3.2　喫煙習慣者の年次推移 (性・年齢階級別)

(単位%)

性別	(年)	20〜29歳	30〜39歳	40〜49歳	50〜59歳	60〜69歳	70歳以上	平均値 $\bar{x}$	標準偏差 σ	変動係数 $C.V.$
男性	1990 年	48.3	57.2	55.6	47.0	52.4	36.6	49.5	6.819	13.8
	2000 年	60.8	56.6	55.1	54.1	37.0	29.4	48.8	11.462	23.5
	2010 年	34.2	42.1	42.4	40.3	27.4	15.6	33.7	9.638	28.6
	2017 年	26.6	39.7	39.6	33.4	30.6	16.2	31.0	8.103	26.1
女性	1990 年	11.2	13.5	11.8	8.0	7.0	5.1	9.4	2.944	31.2
	2000 年	20.9	18.8	13.6	10.4	6.6	4.0	12.4	6.094	49.2
	2010 年	12.8	14.2	13.6	10.4	4.5	2.0	9.6	4.687	48.9
	2017 年	6.3	8.5	12.3	9.8	7.3	2.9	7.9	2.922	37.2

(資料) 厚生労働省「国民栄養調査」(2018 年度)

準偏差 σ の比較をするとともに，変動係数 C.V. を計算し，相対的な散らばりの程度を比較してみよう。なお，この割合は，現在，習慣的に喫煙している者（これまで合計 100 本以上または 6 ヶ月以上たばこを吸っている者のうち，「この 1 ヶ月間に毎日又は時々たばこを吸っている」と回答した者）の割合を示している。

変動係数 C.V. は，以下のことを教えてくれる。

① いずれの時期においても男性よりも女性の方が年齢間のばらつきが大きいこと，これは，標準偏差の結果とは正反対である。

② 男性の場合は，2000 年以降変動係数 C.V. は 23.5，28.6，26.1 と 20 ポイント台を推移しており，ばらつきに安定性があるが，女性の方は 2000 年が 49.2，2010 年が 48.9 と年齢間のばらつきが大きく，男性の 2 倍近くになっている。

③ 女性の場合，変動係数 C.V. で見ても 2017 年は 37.2 と 11.7 ポイントばらつきが小さくなったが，男女間のばらつきの差も縮まってきている。

6 　標準化変量 z と 3σ（シグマ）のルール

変動係数 C.V. は桁数の違いをもつデータ群間の比較を可能にするために，算術平均 μ（ここでは $\bar{x}$ ではなく μ を用いる）1 単位当たりの標準偏差 σ の値を計算し，データ全体の散布度（散らばり具合）を相対的に見たものであるが，これに対し，**標準化変量 Standard scores** あるいは **z scores**（以下，z）はあるデータ値が，その属すデータ集団の中でどのような位置にあるのかを相対的に示すものである。その位置は，個々のデータ x_i と算術平均 μ の差が標準偏差 σ の何倍になるのかを示すものである。ちなみに，記号 μ（ミュー）は母集団の平均（母平均）を示すのに用いられる。標本から計算される標本平均に使われる $\bar{x}$ と区別するために，ここでは，μ で平均値（算術平均）を示すこととする。

標準化変量 z は，以下のように定義される。

$$z_i = \frac{x_i - \mu}{\sigma} \qquad\qquad (i = 1, 2, 3, \ldots, n) \qquad (3.8)$$

標準化変量 z は原データ x_i を（3.8）式に従って変換することで得られるが，変換された z_i の算術平均値 $\bar{z}$ はゼロになり，また，分散 σ_z^2 は1となる。したがって，z の標準偏差 σ_z も1となる（$\bar{z} = 0$，分散 $\sigma_z^2 = 1$，標準偏差 $\sigma_z = 1$）。

例えば，原データ x_i の平均値 $\bar{x}$（$= \mu$）が100で，標準偏差が5のとき，$x = 115$ は，（3.8）式より，$z = \dfrac{115 - 100}{5} = 3.0$ となり，$x = 85$ は，$z = \dfrac{85 - 100}{5} = -3.0$，$x = 110$ は，$z = \dfrac{110 - 100}{5} = 2.0$，$x = 90$ は，$z = \dfrac{90 - 100}{5} = -2.0$，$x = 105$ は，$z = \dfrac{105 - 100}{5} = 1.0$，$x = 95$ は，$z = \dfrac{95 - 100}{5} = -1.0$ となる。

また，標準化変量 z の定義式から（3.9）式が得られる。

$$x_i = \mu \pm \sigma z_i \qquad\qquad (3.9)$$

この式は，各データ x_i が平均値 μ から標準偏差 σ の z_i 倍左右に離れた位置にあるかを示している。

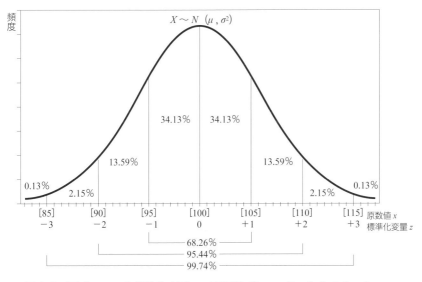

図 3.3　原データ x_i と標準化変量 z_i の関係並びに 3σ（シグマ）のルール
　　　　（正規曲線の場合）

いま，正規分布を前提に，z_i の値を 1, 2, 3 とすると，これらの z の値に対する曲線下の面積（確率）は，図 3.3 のようになる。

この図から，z の算術平均 μ_z を中心に，z の値が $z = 2/3$ のときは，データ全体の約 1/2 が含まれ，$z = 1$ のときは全体のデータの 2/3 が含まれ，$z = 2$ のときは，全体のデータの 95％が，さらに，$z = 3$ のときは，データ全体のほとんど（99.7％から 100％）が含まれることがわかる。これが，**3σ（シグマ）のルール**である。

7 箱ひげ図

箱ひげ図（5 点表示）は，**A Box and Whisker Plot** とも呼ばれる。これは，第 2 四分位点 Q_2 すなわち，中央値 M_D を中心に各データ x_i の位置を見るものである。

第 3 四分位点 Q_3 と第 1 四分位点 Q_1 の差である四分位範囲 QD を **Boxlength** とも呼ぶが，この Boxlength の 1.5 倍の長さを第 1 四分位点 Q_1 から引いた値（Q_1 − Boxlength）と第 3 四分位点 Q_3 に加えた値（Q_3 + Boxlength）にあたる点を**ウィスカー Whisker** と呼び，このウィスカーからさらに，この Boxlength の 1.5 倍の長さを外側にとった点を**アウトライヤー Outliers** と呼ぶ（図 3.4 参照）。このアウトライヤーから外側の値を，**外れ値 Extreme outliers** と呼ぶ。

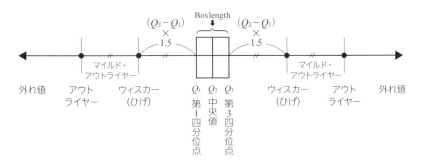

図 3.4　箱ひげ図（5 点表示）A Box and Whisker Plot

アウトライヤーは，Q_1 と Q_3 からは Boxlength の 3 倍外側の点であり，それ
ぞれ $Q_1 - 3$ Boxlength，$Q_3 + 3$ Boxlength となっている。3σ（シグマ）のルール
ではないが，**3 Boxlength のルール**といえるかもしれない。

算術平均 μ を中心とした散布度を見るだけではなく，正規分布に従わない
分布が多い事象を対象に分析する場合には，この中央値 M_D を中心にした散布
度の計測や分布の形の把握は重要である。ビッグデータの時代は，正規分布以
外の多様な分布が対象となるのであるから。

8 | チェビシェフの不等式

チェビシェフの不等式は，**パフヌティ L. チェビシェフ Pafnuty L. Chebyshev**
（1821-1894）により証明された。平均 μ と標準偏差 σ で分布のおおよその形を
知るために平均（期待値）が外れた事象が生じる確率を標準偏差との関係で示
したもので，下記の式となる。

$$P(|x_i - \mu| < \lambda\sigma) > 1 - \frac{1}{\lambda^2}$$
$$P(|x_i - \mu| \geq \lambda\sigma) \leq \frac{1}{\lambda^2} \tag{3.10}$$

ここに，λ は 1 より大きい任意の値である。

チェビシェフの不等式は，（平均 $-\lambda \times$ 標準偏
差）と（平均 $+\lambda \times$ 標準偏差）の間に含まれるデー
タの個数の割合が $1 - \frac{1}{\lambda^2}$ より大きく，また，
これらの区間の範囲外にあるデータの割合が，
$\frac{1}{\lambda^2}$ より小さいことを示している。

表 3.3 に $\lambda = 1.0, 1.5, 2.0, 2.5, 3.0, 3.5$ の場合
の $1 - \frac{1}{\lambda^2}$ と $\frac{1}{\lambda^2}$ の値を示しておくので，3σ の
ルールの結果と比較してほしい。

表 3.3　チェビシェフの不等式

λ	$1 - \frac{1}{\lambda^2}$	$\frac{1}{\lambda^2}$
1.0	0.00	1.00
1.5	0.56	0.44
2.0	0.75	0.25
2.5	0.84	0.16
3.0	0.89	0.11
3.5	0.92	0.08

第4章
比率・指数・消費者物価指数

　本章では，比率・指数・変化率・寄与度・寄与率などを説明し，集計された
データの水準 level そのものではなく，それを除す―割る―という加工を経て
得られる数値について理解を深めてみることにする。「割る」ということは，
分数の形式をとるということでもあり，もともとのデータの水準を，分母に使
うデータの［単位］あたりで相対化するということなのである。

　また，rate，ratio の意味も意識しながら，比率・指数・消費者物価指数を考
えてみることも面白い。

1 割合，率 と 比

1. 割合 Proportion

　Proportion，Ratio と Rate は統計学の世界では，Proportion が割合，Rate が
率，そして Ratio が比と呼ばれており，データを扱う場合によく使われるが，
これら3つの特徴や違いを考えてみよう。

　Proportion は，pro- と portion に分解できる。portion は，ラテン語 portiō（pars
部分＋ -ion）という「部分をなすもの」，転じて「分け前」という意味からきて
おり，①部分，一部，②分け前，割当て，③1人前，一盛り，④相続分，持参
金，⑤運命，定めなどの意味がある。

　この portion に pro がついたのが，proportion であるが，その意味はより広

がりをもっているように思える。すなわち，①割合，比率；大きさ，程度，量，②（部分間の）正しい関係，（……に対する）つり合い，；均衡，調和，③面積，容積，大きさ，④（全体の中の）部分，⑤比例，などの意味がある。全体とそれをなす一部という認識の下，その関係を見ていくので，構成比である割合や比率という意味をもつし，全体と部分あるいは部分間のつり合いや均衡，調和というバランスの視点があることも面白い。

第1章で度数分布表を作成したときに示した，各クラスの全体に対する相対頻度や累積相対頻度，あるいは円グラフ作成のときの，全体を構成する要素（部分）の全体に対する割合は **proportion** である。しかし，このときの割合の単位は百分比を意味する％であった。**全体に対する構成比**とも呼べるものである。

また，**割合**とは，データ全体に占めるある属性のデータの構成比率をみるもので，通常は，全体を 100 とする**百分比**（百分率も同じ意味）**Percentage, ％**が用いられる。そのほか，全体を 1000 とする**千分比 Per mille, ‰**や 10000 とする**万分比 Permyriad, ‰** などがある。

百分率の定義式は，下記の通りである。

$$
百分比（率）= \frac{ある属性もったデータの数\, m}{データ総数 N} \times 100 \quad [単位\,\%] \tag{4.1}
$$

また，(4.1) 式の右辺の分数の形式は，**2つの部分間の関係**を計算するために，分母にある 1 つの量—この場合はデータ総数—を 1 と考えたとき，分子にある他方の量がその何倍にあたるかを表した数でもあり，「割合」は，2 量を比べるのに，分母にとったある量を 1 単位として，もう 1 つの量がその何倍にあたるかを表した比としても定義される。

2. 率 Rate

ここで，少し回り道になるかもしれないが，ratio の動詞形 rate の意味をみていくとにしよう。このことが ratio の基本的意味とその応用がよく見えてくるからである。

動詞である rate には，評価するや見積もる，値踏みする，〜を〜と同一とみなす，査定する，課税する，名声や地位がある，格付けがある，とみなされる，などの意味がある。

また，この動詞の rate から，名詞の意味として，①速度，(仕事・活動などの)進度，程度，度合い，②(一定の基準に基づく)比率，割合，(金融上の交換比率)，③料金，値段，相場，出費，費用，(船，船員などの)等級，地方税などの意味が生まれてくる (小学館『ランダムハウス英和大辞典 第2版』1994年より)。

例えば，ある都市の25歳以上の1万人を10年間継続して調べたところ，5000人が市外へ転出していた。このときの転出率を計算してみよう。

この場合，まず，「観察人年」すなわち，すべての観測された対象者数と観測時間の積和を求め，この「観測人年」で転出者数を割ることで算出できる。

$$転出率 = \frac{転出数}{「観察人年」} = \frac{5000人}{10万人年} = 0.05，\text{すなわち}\ 5\%\ となる。$$

3. 比 Ratio

さて，ratio はどうであろうか？ ratio は，比，比率，歩合，割合あるいは金銀比価などの意味をもっている。

すでにみた「割合」は，2量を比べるのに，分母にとったある量を1単位として，もう1つの量がその何倍にあたるかを表した比としても定義されることも指摘しておいた。

いま，2つの異なる2つの事象 (性質) A，B があり，その量が「5と2の割合」になっているということは，「A 対 B = 5 対 2」(あるいは，5：2) となっているということである。このように，割合を「5対2」または「5：2」と表したものを比 (**Ratio, R**) という。また，「比の値」とは，a：b で表された比からa/b を計算したときの商を指している。式 (4.2) 参照。

$$比\ ratio = \frac{a}{b} = 商 + 余り \tag{4.2}$$

例題で考えてみよう。

いま，人口 10 万人の都市で，ある流行性の病気に罹患している人の数は 500 人であった。このとき，罹患していない人の数は，100,000 − 500 = 99,500 人である。このとき，罹患者数と非罹患者数の割合の**比 R** は，

$$R = \frac{罹患者数}{非罹患者数} = \frac{500/100000}{99,500/100000} = \frac{500}{99,500} = 0.005$$

となり，0.5％となる。

また，**率の比 Rate ratio** もあるが，率の比とは文字通り，率の比をとることで求められる。

〔例題〕

人口 10 万人の都市で，ある流行性の病気に罹患している疾病頻度（有病者）の検査結果について，陽性，陰性の予測値を割り出してみよう。

下記の定義と諸元を用い，疾病頻度（次頁の罹患率）5％，25％，50％の場合について，それぞれ計算してみてほしい（次頁の表中の①〜⑨の空欄を適切な数値で埋めるとともに，表の下の⑩，⑪の空欄を適切な数値で埋めていく。数値は小数点以下第 1 位で表記する）。

定義

$$\text{感度 sensitivity} = \frac{真陽性}{真陽性 + 偽陰性} \times 100$$

$$\text{特異度 specifity} = \frac{真陰性}{偽陽性 + 真陰性} \times 100$$

$$\text{(陽性の) 予測値} = \frac{真陽性}{真陽性 + 偽陽性} \times 100$$

$$\text{(陰性の) 予測値} = \frac{真陰性}{偽陰性 + 真陰性} \times 100$$

ここに，疾病頻度とは対象とする集団（罹患者数）を示し，**感度**とは病気に罹っている人（罹患者）のうち，検査の結果，陽性と判断された人（真陽性）の割合，**特異度**とは病気に罹っていない人（非罹患者）のうち，検査の結果，陰性と判断された人（真陰性）の割合，また，**陽性の予測値**とは，検査により陽

性と判断された人のうち，病気に罹患している人（真陽性）の割合を，そして，**陰性の予測値**は検査により陰性と判断された人のうち，病気に罹患していない人（真陰性）の割合を示すものである。これらは，検査の信頼性という点では，何れも高い値，すなわち，100％に近い値となることが期待される。統計的有意性という点では，いずれも95％以上となることが望ましい。

計算の諸元

① 対象とする集団　＝　10万人
② 検査の感度　　　＝　95％
③ 検査の特異度　　＝　95％

	検査結果		計
	陽性	陰性	
病気あり	④	⑤	②
病気なし	⑦	⑥	③
計	⑧	⑨	①

① 対象者数［人口］　　　　　　　　　　　　　　［人］
② 疾病頻度［5％・25％・50％］だから，病気ありは　　　　　　　　［人］
③ 病気なしは，　　①－② ＝　　　　　　　　　　［人］
④ 感度95％で真陽性は，　　　　　　　×　　　　　　　［人］
⑤ 偽陰性は，　　②－④ ＝　　　　　　　　［人］
⑥ 特異度95％で真陰性は，　　　　　　×　　　　　　　［人］
⑦ 偽陽性は，　　③－⑥ ＝　　　　　　　　［人］
⑧ 陽性の合計は，　　④＋⑦ ＝　　　　　　　［人］
⑨ 陰性の合計は，　　⑤＋⑥ ＝　　　　　　　［人］

⑩ 陽性の予測値は，　$= \dfrac{④}{⑧(=④+⑦)} \times 100 =$　　　　　　　［人］

⑪ 陰性の予測値は，　$= \dfrac{⑥}{⑨(=⑤+⑥)} \times 100 =$　　　　　　　［人］

　疾病頻度（罹患率）5％，25％，50％の3つのケースの計算結果を踏まえ，改めて，疾病頻度の変化と感度・特異度・陽性の予測値・陰性の予測値の変化の関係をまとめたものが**表4.1**である。

表 4.1　疾病頻度の変化と感度・特異度・陽性の予測値・陰性の予測値の変化

疾病頻度 （％）	感度	特異度	陽性の予測値	陰性の予測値
5.0	95.0	95.0	**50.0**	**99.7**
10.0	95.0	95.0	67.9	99.4
25.0	95.0	95.0	86.4	98.3
50.0	95.0	95.0	95.0	95.0
75.0	95.0	95.0	98.3	86.4

　これをみると，感度と特異度はいずれのケースでも 95.0％とコントロールされているにもかかわらず，疾病頻度が高くなるにつれて陽性の予測値と陰性の予測値は変化し，疾病頻度が 5％と低いときには，陽性の予測値すなわち，検査により陽性と判断された人のうち，病気に罹患している人（真陽性）の割合はなんと 50.0％にとどまっている。陽性と判断された人のうち半分，すなわち，「二人のうち一人は誤診断」ということになる。他方，陰性の予測値は 99.7％と極めて高くなっているが，罹患率が低いことが効いている。

　しかし，罹患率が 5.0％から，10.0％，25％，50％そして 75％と上昇するにつれ，陽性の予測値も，50.0％　⇒　67.9％　⇒　86.4％　⇒　95.0％　⇒　98.3％　と上昇していく。このことから，罹患率の低いときの陽性という診断結果は信用しがたく，罹患率が 25％，すなわち，4 人に 1 人が罹っているような状況になると俄然信頼性が高まるということになる。

　COVID-19 の検査方法はいくつかあるが，仮に 10.0％の疾病頻度のときでも陽性の予測値は 67.9％にとどまっている。

　割合の計算の練習をしている中で，思わぬ発見をしてしまったようである。

2　指数

　データ値の異なる時点や地域間の比較を行うときに，基準時点や基準地点を設定し，この基準時点や基準地点の値を 100.0 として比較時点や比較地点の値を比で表したものを**指数 Index** という。ちなみに，第 1 章でみた水稲の作況指数は，平年（過去 3 年間の算術平均）を基準にして，各都道府県・全国の収穫

量を指数として計算したものである。

指数として代表的なものは，総務庁統計局が作成する**消費者物価指数**，日本銀行の作成する卸売物価指数 *WPI*，サービス価格指数等があるが，このほか，経済産業省が作成する鉱工業指数（生産指数・出荷指数・在庫指数），さらには，景気の現状や将来の予測に関する企業アンケート結果から計算された景気動向指数，また，貿易指数や消費者の消費態度に関する消費者態度指数，日本不動産研究所の作成する不動産価格指数や地価動向指数，そのほか，厚生労働省の作成する労働時間指数や賃金指数，人口 10 万対医師数・歯科医師数・薬剤師指数（地域差指数），パーセル指数（入院時と退院時の患者の ADL 操作を項目別に点数化して評価するもので，100 点で判断される）など多くの指数がある。原データの桁数が大きい場合には，指数化により，データの値が相対化され，小さくなり，データの比較がしやすくなる。

以下では，指数の計算方法を示したのち，石油価格指数（卸・小売別）や消費者物価指数 CPI を通して，いくつかの指数の計算方法を示しておく。

1. 指数の計算

いま基準時点を 0（ゼロ），比較時点を n とすると，指数 **Index**（以下，I_{n0}）の計算には基準時点のデータ x_0 と比較時点のデータ x_n があれば良い。

計算式は（4.3）の通りである。

$$I_{n0} = \frac{x_n}{x_0} \times 100 \tag{4.3}$$

また，逆に，基準時点と比較時点を取り換え，比較時点を基準に初期時点の値を指数化するには，

$$I_{0n} = \frac{x_0}{x_n} \times 100 \tag{4.4}$$

を計算すればよい。

2. 交通事故死傷者数を原データと指数でみる

表4.2には1948年から2019年までの交通事故発生件数，負傷者数，死者数，人口10万人当たりの死者数が示されている。

表4.2　交通事故死傷者数の推移（1948-2019年）

（単位：人）

年 西暦	発生件数 （件）	負傷者数 （人）	死者数 （人）	人口10万人当たり	
				死者数（人）	指数
1948	21,341	17,609	**3,848**	**4.93**	30
1949	25,113	20,242	3,790	4.74	29
1950	33,212	25,450	4,202	5.14	31
1951	41,423	31,274	4,429	5.32	33
1952	58,487	43,321	4,696	5.55	34
1953	80,019	59,280	5,544	6.46	40
1954	93,869	72,390	6,374	7.32	45
1955	93,981	76,501	6,379	7.22	44
1956	122,691	102,072	6,751	7.56	46
1957	146,833	124,530	7,575	8.39	51
1958	168,799	145,432	8,248	9.05	55
1959	201,292	175,951	10,079	10.95	67
1960	449,917	289,156	12,055	12.97	79
1961	493,693	308,697	12,865	13.77	84
1962	479,825	313,813	11,445	12.14	74
1963	531,966	359,089	12,301	12.92	79
1964	557,183	401,117	13,318	13.85	85
1965	567,286	425,666	12,484	12.85	79
1966	425,944	517,775	13,904	14.15	87
1967	521,481	655,377	13,618	13.75	84
1968	635,056	828,071	14,256	14.22	87
1969	**720,880**	967,000	16,257	16.03	98
1970	**718,080**	**981,096**	**16,765**	**16.33**	**100**
1971	700,290	949,689	16,278	15.69	96
1972	659,283	889,198	15,918	15.16	93
1973	586,713	789,948	14,574	13.58	83

1974	490,452	651,420	11,432	10.52	64
1975	472,938	622,467	10,792	9.81	60
1976	471,041	613,957	9,734	8.70	53
1977	460,649	593,211	8,945	7.91	48
1978	464,037	594,116	8,783	7.69	47
1979	471,573	596,282	8,466	7.35	45
1980	476,677	598,719	8,760	7.54	46
1981	485,578	607,346	8,719	7.45	46
1982	502,261	626,192	9,073	7.70	47
1983	526,362	654,822	9,520	8.02	49
1984	518,642	644,321	9,262	7.75	47
1985	552,788	681,346	9,261	7.70	47
1986	579,190	712,330	9,317	7.70	47
1987	590,723	722,179	9,347	7.68	47
1988	614,481	752,845	10,344	8.46	52
1989	661,363	814,832	11,086	9.03	55
1990	643,097	790,295	11,227	9.11	56
1991	662,392	810,245	11,109	8.99	55
1992	695,346	844,003	11,452	9.23	57
1993	724,678	878,633	10,945	8.79	54
1994	729,461	881,723	10,653	8.54	52
1995	761,794	922,677	10,684	8.54	52
1996	771,085	942,204	9,943	7.92	48
1997	780,401	958,925	9,642	7.66	47
1998	803,882	990,676	9,214	7.30	45
1999	850,371	1,050,399	9,012	7.12	44
2000	931,950	1,155,707	9,073	7.16	44
2001	947,253	1,181,039	8,757	6.90	42
2002	936,950	1,168,029	8,396	6.60	40
2003	948,281	1,181,681	7,768	6.10	37
2004	952,720	1,183,617	7,436	5.83	36
2005	934,346	1,157,113	6,937	5.43	33
2006	887,267	1,098,564	6,415	5.02	31
2007	832,704	1,034,652	5,796	4.54	28

2008	766,394	945,703	5,209	4.08	25
2009	737,637	911,215	4,979	3.90	24
2010	725,924	896,297	4,948	3.88	24
2011	692,084	854,613	4,691	3.66	22
2012	665,157	825,392	4,438	3.47	21
2013	629,033	781,492	4,388	3.44	21
2014	573,842	711,374	4,113	3.23	20
2015	536,899	666,023	4,117	3.24	20
2016	499,201	618,853	3,904	3.07	19
2017	472,165	580,850	3,694	2.91	18
2018	430,601	525,846	3,532	2.79	17
2019	381,002	460,715	3,215	**2.54**	16

（出所）警察庁 2019 年 12 月

　ここから，1969 年が 720,880 件と発生件数のピークになっていることがわかる。しかし，発生件数は 718,080 件と 1969 年より少ないものの，死者数がピークとなっているのは，翌 1970 年の 16,765 人である。1948 年の 3,848 人に比べれば，約 4.35 倍（＝16,765/3,848）となっている。

　また，幾何平均 M_G を計算すると，交通事故の死者数は，1948 年から 1970 年まで年平均で 6.9 %（＝$\sqrt[22]{4.35}-1=0.069$）という異常な伸びとなっており，「アベノミクス」の目標としていた消費者物価上昇率 2 % の 3.5 倍である。

　ところで，表 4.2 の右から 2 列目には，人口 10 万人当たりの死者数が示されている。人口 10 万人当たりの死者数は 1948 年には 4.93 人であったが，1970 年には 16.33 人となった。この間に 3.33 倍となっており，人口増の影響が除去されているが，幾何平均 M_G を計算すると，年平均で 5.6 %（＝$\sqrt[22]{3.33}-1=0.056$）という異常な伸びとなっている。戦後復興から高度経済成長期の交通事故はまさに人災であり，偶然の事故といえないものが多かったともいえよう。というのは，自動車の普及台数が 1948 年とは比べ物にならない多さになっているにもかかわらず，2019 年はこの人口 10 万人当たりの死者数は 2.54 人（指数は 16）で，1970 年の 16.33 人をピークに減少し続けているからである。人口 10 万人当たりの死者数を 1970 年を基準に指数化したグラフが図 4.1 である。

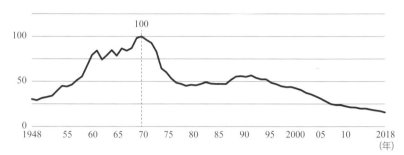

図 4.1　交通事故死者数（指数）の推移（1948-2019 年）　基準年 1970 年
（出所）表 4.2 に同じ

　こうしたデータの変換にもかかわらず，現データ，10 万人当たりのデータ，そして，それを 1970 年を基準に指数化したデータの形はほぼ類似する。

　指数は，原データの桁数の大きさなどを相対化し，基準年を上回れば 100 を超え，下回ると 100 を切るというように，全体の数値の動き（上昇や低下等）をわかりやすく示してくれるのである。

3.　石油価格（卸売・小売り）を指数でみる

　2020 年 4 月 20 日原油先物価格が「1 バレル＝マイナス 37 ドル」と，史上初めてマイナス価格となったことは驚きの事実であった。

　レギュラー石油価格は卸売価格と小売価格で把握されている。2000 年 12 月から 2020 年 6 月までのレギュラー石油価格を表 4.3 に示してみた。リットル当たりの価格をみると，2000 年 12 月は卸売価格が 92.0 円，小売価格が 105.0 円であったのが，2010 年 12 月には各々 116.5 円，133.2 円となり，2020 年 1 月には 122.3 円，151.6 円と大幅に上昇したが，その後 COVID-19（新型コロナウイルス感染症）が拡大する中で，低下を続け，2020 年 5 月には 88.8 円，124.8 円となった。その後反転しはじめ，2020 年 6 月には，卸売価格が 96.7 円，小売価格が 130.2 円となっている。

　理論的には，小売価格は卸売価格よりも高くなるので，両者の差を計算して

表 4.3　レギュラー石油小売価格・卸売価格の推移（2000 年 12 月～2020 年 6 月）

レギュラー全国平均	2000 年 12 月	2001 年 12 月	2002 年 12 月	2003 年 12 月	2004 年 12 月	2005 年 12 月	2006 年 12 月	2007 年 12 月	2008 年 12 月	2009 年 12 月
卸売価格	92.0	86.1	89.1	88.9	97.6	110.0	116.0	134.7	96.9	108.1
小売価格	105.0	100.0	100.0	100.3	119.0	129.0	134.5	155.3	114.7	126.3
差	13.0	13.9	10.9	11.4	21.4	19.0	18.5	20.6	17.8	18.2
レギュラー全国平均	2010 年 12 月	2011 年 12 月	2012 年 12 月	2013 年 12 月	2014 年 12 月	2015 年 12 月	2016 年 12 月	2017 年 12 月	2018 年 12 月	2019 年 12 月
卸売価格	116.5	124.7	129.6	139.5	125.2	102.9	107.2	117.5	116.2	120.2
小売価格	133.2	143.6	147.4	157.7	152.4	126.2	129.3	141.5	147.9	147.9
差	16.7	18.9	17.8	18.2	27.2	23.3	22.1	24.0	31.7	27.7
レギュラー全国平均	2020 年 1 月	2020 年 2 月	2020 年 3 月	2020 年 4 月	2020 年 5 月	2020 年 6 月				
卸売価格	122.3	116.5	106.1	92.8	88.8	96.7				
小売価格	151.6	148.5	143.5	130.9	124.8	130.2				
差	29.3	32.0	37.4	38.1	36.0	33.5				

（出所）資源エネルギー庁データより筆者作成

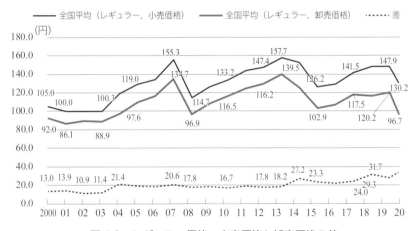

図 4.2　レギュラー価格　小売価格と卸売価格の差

（注）各年 12 月，2020 年のみ 6 月
（出所）表 4.3 に同じ

みると表 4.3 のようになる。折れ線グラフ化したものが，図 4.2 である。これを見ると，両価格の差は大きくなる傾向があることがわかる。

　参考に，2019 年 12 月から 2020 年 6 月までの期間における小売価格と卸売価格，その差の標準偏差と変動係数を示しておく（表 4.4）。

表 4.4　レギュラー石油小売価格・卸売価格, その差の平均, 標準偏差, 変動係数
　　　　　（2019 年 12 月―2020 年 6 月）

	算術平均 μ	標準偏差 σ	変動係数 C.V.
卸売価格	106.2	12.7	12.0
小売価格	139.6	9.9	7.1
比	1.315	0.780	0.593

　これをみると, 小売価格と卸売価格の算術平均 μ はそれぞれ 139.6 円, 106.2 円となり, 小売価格は卸売価格の 1.315 倍となっており, 標準偏差 σ は, 小売価格が 9.9 円, 卸売価格が 12.7 円, その比は 0.780 倍となっている。小売価格と卸売価格の平均値 μ をそれぞれの標準偏差 σ で割り, 100 倍したものが変動係数 C.V. である。

　これをみると, 小売価格と卸売価格の変動係数 C.V. は, 7.1 円, 12.0 円と 4.9 円という大きな差となり, 卸売価格の散布度が大きくなっている。

小売価格と卸売価格の差の動きは何を意味するのであろうか？

　小売価格のバラツキ（偏差）の小ささは, 流通構造のあり方, あるいは価格支配力のあり方を示すものであり, 石油の原産地国（産油国）の地政学的事情や紛争などの構造変化とは異なる原因の存在である。

　「あるものが見えないことは私たちの努力不足である」とすれば, 統計という道具は「見えないものの少なくともその兆しは見せてくれる」のである。

4.　GPIF 市場運用開始後の収益額指数の推移

　2 章 11 節でもみたが, 個別指数の例として, 年金積立金管理運用独立行政法人 GPIF が公表している収益額に基づき計算した収益額指数, 累積収益額, 累積収益額指数, 収益増減額, 収益増減率などをみてみよう（表 4.5）。

　これを見ると, 市場運用開始後の 2001 年から翌 2002 年度に収益のマイナス, その後, 2003 年度から収益が黒字化したが, 2007 年に再び, 赤字となり, 翌 2008 年度も赤字が続き, 2009 年度の黒字, 翌 2010 年度の赤字と変動を繰り返したが, 2011 年度から 2014 年度までは大幅な黒字となったが, 翌 2015

表 4.5　市場運用開始後の収益, 額累積収益額, 同増減額・率, 収益率の推移
（2001-2019 年度）

年度	収益額 （億円）	累積収益額	累積収益額 指数 （基準 2009）	指数 （基準年度： 2009）	収益増減額	収益額 増減率 （%）	収益率
2001	▲5,874.0	▲5,874.0	▲5.0	▲6.4	—	—	▲1.80
2002	▲24,530.0	▲30,404.0	▲26.0	▲26.7	▲18,656.0	317.6%	▲5.36
2003	48,916.0	18,512.0	15.8	53.3	73,446.0	▲299.4%	8.40
2004	26,127.0	44,639.0	38.2	28.4	▲22,789.0	▲46.6%	3.39
2005	89,619.0	134,258.0	114.9	97.6	63,492.0	243.0%	9.88
2006	39,445.0	173,703.0	148.6	42.9	▲50,174.0	▲56.0%	3.70
2007	▲55,178.0	118,525.0	101.4	▲60.1	▲94,623.0	▲239.9%	▲4.59
2008	▲93,481.0	25,044.0	21.4	▲101.8	▲38,303.0	69.4%	▲7.57
2009	91,850.0	116,894.0	100.0	100.0	185,331.0	▲198.3%	7.91
2010	▲2,999.0	113,895.0	97.4	▲3.3	▲94,849.0	▲103.3%	▲0.25
2011	26,092.0	139,987.0	119.8	28.4	29,091.0	▲970.0%	2.32
2012	112,222.0	252,209.0	215.8	122.2	86,130.0	330.1%	10.23
2013	102,207.0	354,416.0	303.2	111.3	▲10,015.0	▲8.9%	8.64
2014	152,922.0	507,338.0	434.0	166.5	50,715.0	49.6%	12.27
2015	▲53,098.0	454,240.0	388.6	▲57.8	▲206,020.0	▲134.7%	▲0.37
2016	79,363.0	533,603.0	456.5	86.4	132,461.0	▲249.5%	5.86
2017	100,810.0	634,413.0	542.7	109.8	21,447.0	27.0%	6.90
2018	23,795.0	658,208.0	563.1	25.9	▲77,015.0	▲76.4%	1.52
2019	▲82,831.0	575,377.0	492.2	▲90.2	▲106,626.0	▲448.1%	▲5.20

図 4.3　市場運用開始後の収益額の推移（2001-2019）

図 4.4　収益額指数の推移（基準年度：2009）

年度には5兆円を超える赤字となった。2016年度からは，再び黒字化してきている（図4.3）。

　こうした変動を見やすくしたものが，図4.4である。累積収益額指数は2011年度以降急増しているが，単年度ごとの収益額の黒字，赤字の変動は大きく，3年間黒字が続いた時期は2期あるが，4年を超えた黒字は一つもなく，不安定さが見える。

　実際，COVID-19感染拡大のもと，世界経済は1923年の世界恐慌以来の落ち込みを見せ，実体経済はもちろんのこと，株価も大幅に落ち込んだ。GPIFは，2014年から年金資産に占める株式の運用比率を計5割に増やし，上記の数値のように株価の影響を受け安くなっていることが実証されていたが，今回の感染症拡大の影響は大きく，年金運用額は17兆円を超える赤字となり，2019年度通期でも7兆円を超える赤字となった。累積収益額が58兆円強あり，「心配はいらない」とされているが，毎年7兆円の赤字であれば，9年ももたないということになる。人生100年，120年の時代に頼りにできるのかと不安になるのは無理もないことである。

　また，収益率についても同様に不安定性が確認できる（図4.5参照）。

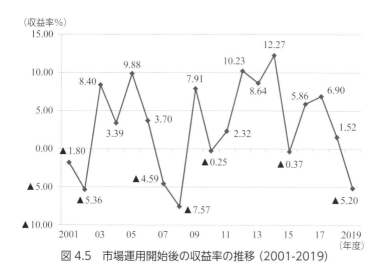

図 4.5　市場運用開始後の収益率の推移 (2001-2019)

3 消費者物価指数

これまで見てきたように個別指数は有用なものである。しかしながら，日常よく接する指数の中には，個別指数ではなく，いくつか—多い場合も少ない場合もある—の個別指数を一つの総合指数としてまとめたものがある。この総合化は，個別指数の加重算術平均 M_w で求めることができる。

総合指数の代表は**消費者物価指数 Consumer Price Index**（以下，*CPI*）であろう。以下では，*CPI* についてその総合化の手順を見ていくことにする。

1. 消費者物価指数 *CPI* とは何か？

消費者物価指数 *CPI* は，1946 年 8 月に当時の総理府統計局（現総務省統計局）により，第二次世界大戦後の混乱期，すなわち，物資不足のため統制価格とヤミ価格という二重価格が存在する中で，物価上昇（インフレーション）の実態を把握するために作成されたものである。

CPI の算定には，後述のようなラスパイレス，フィッシャー，パーシェ方式という 3 つの方法があり，当初はフィッシャー方式が採用されたが，基準改定

にともない1949年8月から1948年を基準にしたラスパイレス方式で計算されるようになった。

CPIは，全国の消費者世帯（農林漁業世帯および単身者世帯を除く全世帯）が購入する各種の商品とサービスの価格を総合した物価の変動を時系列的に測定するものである。

ところで，物価の変動だけを測定するためには，測定対象となる商品やサービスの内容を固定しなければならない。この固定は各世帯の実際の消費支出の対象を固定—限定—することになるので，各世帯の日々の支出すべてを測るものとは異なってくる。すなわち，CPIは実際に各世帯が財やサービスの購入のために支出した生活費すなわち生計費の変化を測定するものではないことに注意が必要である。

また，消費者物価指数は，個々の家計に対応する物価の動きを表すものではなく，消費者全体に対する物価の動きを表す指標であることにも注意が必要である。各世帯の消費支出構造（バスケットの中身）を変えずに一定として固定し，同じバスケットの中身を異なる時点で購入した場合に物価がいくらになるのかを指数で表現したものがCPIなのである。2015年基準では585品目である。

「CPIと実感のズレ」がしばしば語られるが，測定対象が異なれば，こうしたズレが生じるのも「肯べなるかな」なのである。ただ，世帯の収入や世帯主の年齢など世帯属性別の指数も作成していることも忘れてはならない。（詳しくは，総務省統計局HPの「消費者物価指数のしくみと見方 —2015年基準消費者物価指数—」（2016）（https://www.stat.go.jp/data/cpi/2015/mikata/index.html,QRコードでリンク）を参照されたい。

CPIの対象は何か？

CPIのウエイトとして用いられるのは，「家計調査における支出項目の割合」である。ウエイトに採用する家計調査の項目の範囲は，表4.6の通りである。「家計調査」では，支出に係わる項目が以下のように分類されている。

支払は，**実支出**と**実支出以外の支払**（繰越金を除く）そして**繰越金**である。表4.6にあるように実支出は，**消費支出**と**非消費支出**からなる。

十大費目は，食料，住居，光熱・水道，家具・家事用品，被服及び履物，保健医療，交通・通信，教育，教養娯楽，諸雑費である。

CPIは世帯の家計消費支出を測るが，バスケットの中身を決める際に除外されるものがあることも付記しておこう。言い換えれば，ウエイトに採用する家計調査の項目の範囲は消費支出に限定されるのである。

表4.6　ウエイトに採用する家計調査の項目の範囲

支払		
	実支出	
		消費支出
		食料，住居，光熱・水道，家具・家事用品，被服及び履物，保健医療，交通・通信，教育，教養娯楽，その他の消費支出（諸雑費，こづかい（使途不明），交際費，仕送り金）
		非消費支出
		直接税，社会保険料，他の非消費支出
	実支出以外の支払（繰越金を除く）	
		預貯金，保険料，有価証券購入，土地家屋借金返済，他の借金返済，分割払購入借入金返済，一括払購入借入金返済，財産購入，その他
繰越金		

2.　指数算式―ラスパイレス，フィッシャー，パーシェ方式

総合指数である消費者物価指数CPIの計算は，理論上3つの算式がある。すなわち，ラスパイレス，フィッシャー，パーシェ方式の3つの方式であるが，その違いはウエイトとしてどの時点のものをとるのかという違いから生まれる。日本の消費者物価指数CPIの計算にはラスパイレス式が使用されている。

ラスパイレス式（L式）は，基準時点のウエイトを用いて指数の計算をするもので，基準時加重相対法算式とも呼ばれる。これを P_L で表すと，

$$P_L = \frac{\sum p_{it} \times q_{i0}}{\sum p_{i0} \times q_{i0}} \times 100$$

あるいは，

$$P_L = \frac{\sum (p_{it}/p_{i0})(p_{i0} \times q_{i0})}{\sum p_{it} \times q_{i0}} \times 100 \tag{4.5}$$

となる。

ここで，p_{it}, p_{i0} は基準時点 0 と比較時点 t での第 i 品目の価格を示し，q_{i0} は基準時点 0 での第 i 品目の数量を示す。

L 式は，基準時点の消費構造 (生活様式) をウエイトに使うので，時間が経過するにつれ，比較時点の消費構造 (生活様式) とのずれがうまれ，また，拡大してしまうので，ウエイトの見直しが必要になる。したがって，日本の場合，5 年毎に品目やウエイトの改定が行われるのである。2020 年の基準値は 2021 年から採用される。

これに対し，フィッシャー式 (F 式) は，比較時点のウエイトを用いて指数の計算をするもので，これを P_F で表すと，

$$P_F = \frac{\sum p_{it} \times q_{it}}{\sum p_{i0} \times q_{it}} \times 100$$

あるいは

$$P_F = \frac{\sum p_{it} \times q_{it}}{\sum (p_{i0}/p_{it})(p_{it} \times q_{it})} \times 100 \tag{4.6}$$

となる。

ここで，q_{it} は比較時点 t での第 i 品目の数量を示す。

また，パーシェ方式 (P 式) は，ラスパイレス式 (L 式) とフィッシャー式 (F 式) の相乗平均をとったものである。

$$P_P = \sqrt{P_L \times P_F} \tag{4.7}$$

相乗平均は算術平均 M_A より小さな値となる点が特徴であり，すでにみた，平方平均が算術平均より大きな値となるのとは逆の動きを示すものである。

それでは，以下で，消費者物価指数のウエイト (10 大費目) を使って，ラスパイレス式 (P_L) で指数を求めてみよう。

表 4.7 には，1990 年，2000 年，2010 年そして 2015 年の改定による 10 大費目のウエイトが示されている。また，価格指数は実際の数値ではないが，10 大費目すべてが 20XX 年が 100.0，20YY 年が 110.0 と一律 10% 上昇を示すように数値を設定した。

表 4.7　消費者物価指数のウエイトの推移（10 大費目）

費目	1990 年	2000 年	2010 年	2015 年	価格指数 A 20xx 年	価格指数 B 20yy 年
食料	3,141	2,732	2,525	2,623	100.0	110.0
住居	1,478	2,003	2,122	2,087	100.0	110.0
光熱・水道	553	651	704	745	100.0	110.0
家具・家事用品	444	369	345	348	100.0	110.0
被服及び履物	860	568	405	412	100.0	110.0
保健・医療	312	380	428	430	100.0	110.0
交通・通信	1,185	1,313	1,421	1,476	100.0	110.0
教育	466	398	334	316	100.0	110.0
教養娯楽	1,115	1,130	1,145	989	100.0	110.0
諸雑費	446	456	569	574	100.0	110.0
消費支出計（総合）	10,000	10,000	10,000	10,000		

ウエイトとの基準年	1990 年	2000 年	2010 年	2015 年
価格指数 A（20xx 年）	100.0	100.0	100.0	100.0
価格指数 B（20yy 年）	97.7	97.6	97.4	99.1
$P_L =$	110.0	110.0	110.0	110.0

表 4.7 の下には，結果が示されている。

20XX 年の価格指数 100.0 を用いた場合には，1990 年，2000 年，2010 年，2015 年いずれも 100.0 と同じ値となったが，20YY 年の価格指数 110.0 を用いた場合には，各年の値は異なり，1990 年が 97.7，2000 年が 97.6，2010 年が 97.4，2015 年 99.1 となった。

これらの数値を使えば，ウエイトの変更のみのラスパイレス方式の総合指数 P_L への影響をみることができる。

P_L はいずれの年も 110.0 となり，10 ポイントの上昇を示している。

3.　消費者物価指数 CPI の問題点

消費者物価指数 CPI の問題点は，すでにみたその性格のうえに理解されなければならない。したがって，①消費支出のうち信仰費，負担金，贈与金，仕

送り金及び寄付金，②非消費支出（所得税や社会保険料など），③実支出以外の支出，例えば貯金，有価証券の購入などの貯蓄，土地住宅などの財産購入を対象として含まないという批判は，生計費指数としての *CPI* の作成を望む立場から出される根拠ある批判であるが，作成当局との見解のすれ違いとして処理されることになる。

　また，*CPI* の作成のウエイトは「家計調査」から得られたデータに基づいて作成されることから，「家計調査」のもつ問題点がそのまま *CPI* の問題点ともなってくる。例えば，調査対象者世帯の高齢化や全体の2割を占める単身者世帯がもともと対象外になっていることからくる教育費や食糧費，教養娯楽費などの「平均世帯」との乖離がある。

　さらに *CPI* では，継続性が重視されるため，具体的に指定されている価格調査品目の銘柄の変更は難しく，商品が多様化する中で個々の消費者の購入する品目とのずれが大きくなることも問題である。

　CPI は誤解とともに，多くの問題点をもっていることは間違いない。消費者の購入方法—有店舗か通信販売か—，店舗の変化—スーパーかコンビニか—，あるいは，家族構成を基準にしたより細かな世帯別指数の作成など，消費統計全体にも関係する問題点などがあり，これらは *CPI* の存在意義ともかかわる重要な問題点といえる。COVID-19の拡大下，消費者の行動における EC 通販の伸張はその把握という点も含め *CPI* の信頼性，代表性を揺るがしている。

第5章
変化と貢献度を見る
—— 変化・変化率・寄与度・寄与率

1 変化

データの水準の比較はその差をとることから始まるが，散布図を用いて，時間の経過に沿った2つの変数の動きを追いかけることができる。こうした図は循環図と呼ばれる。その際，比較時点の取り方によって，その差は異なってくる。循環図の紹介の前に，この比較の組み合わせにかかわる前月比・前年同月比・前年比・前年度比について紹介していく。

1. 前月比・前年同月比・前年比・前年度比

ここで，前月比，前年同月比，前年比，前年度比などの比較に用いられる比較の種類について触れておく。

前月比は，当月の指数を前月の指数と比べた変化率で，足元の変動を表す。

$$前月比 (\%) = \frac{当月の指数 - 前月の指数}{前月の指数} \times 100 \qquad (5.1)$$

ただし前月比については，対象とする財や経済活動の季節的な変動も含まれている点に注意する必要がある。

これに対し，前年同月比は，当月の指数を1年前の同じ月の指数と比べた変化率である。

$$前年同月比 (\%) = \frac{当月の指数 - 前年の同じ月の指数}{前年の同じ月の指数} \times 100 \qquad (5.2)$$

同じ月同士の比較なので，季節的な変動要因を考慮する必要がなく，当月までの1年間の物価の動きを見るのに便利である。

前年比は，当年の年平均指数（1月から12月の平均）を前年の年平均指数と比べた変化率で，年平均で1年間の物価の動きを見る重要な経済指標となっている。

$$前年比 (\%) = \frac{当年の年平均指数 - 前年の年平均指数}{前年の年平均指数} \times 100 \qquad (5.3)$$

$$前年度比 (\%) = \frac{当年の年度平均指数 - 前年度の年度平均指数}{前年度の年度平均指数} \times 100 \quad (5.4)$$

ここで，年度平均指数とは，当年4月から翌年3月の平均を指している。

2. 個別指数を用いた応用—在庫循環図

基準年を100とした比較時点の指数は**個別指数**と呼ばれる。この個別指数の応用例として，鉱工業生産指数を用いたものがある。鉱工業生産指数は，生産指数，出荷指数，在庫指数の3つからなるが，これらのうち2つの指数を組み合わせることで循環図が作成できる。

企業の景況を判断する場合に，在庫の状況を見ることは重要である。そこで，在庫状況を生産との関係で見るために，在庫循環図は横軸を生産指数の前年同期比，縦軸を在庫指数の前年同期比として，各時点の指数をプロットしたものとなる。在庫循環図では，景気動向の推移とともに，反時計回りに回転することが多く，各時点での景気の状況を生産と在庫の関係から判断，予想することに役立つ。

図5.1は在庫循環の4つの局面を示している。縦軸に在庫前年同期比（％），横軸に生産前年同期比（％）をとっているので，第Ⅰ象限は「在庫積み増し局

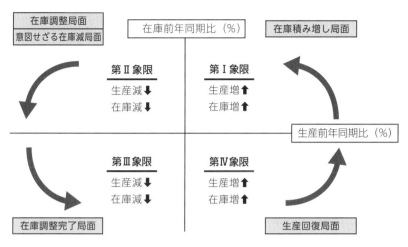

図 5.1　生産と在庫の循環図

面」，第Ⅱ象限は「在庫調整局面」もしくは「意図せざる在庫減局面」ということでその後の在庫調整を始める局面であり，第Ⅲ象限は「在庫調整完了局面」で，第Ⅳ象限は「生産回復局面」となる。

3.　化粧品産業を用いた応用―在庫循環図

　図5.2 の在庫循環図は，2014 年4 月の第1 四半期から2020 年第2四半期までの化粧品工業の生産指数（縦軸）と在庫指数（横軸）を描いたものである。

　これをみると，化粧品は在庫調整が早く終了し，生産回復局面入りが早く，1 回目のサイクル（矢印①）は積極的な在庫積み増しもありプラス 10％強となったが，その後

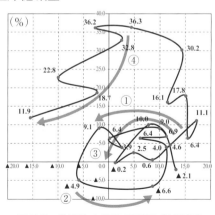

図 5.2　生産と在庫の循環図 (化粧品)

生産も増加幅が次第に縮小し，2015年第2四半期には在庫調整局面に入った。しかし，在庫調整が終了しない，2015年第3四半期（矢印②）には生産は回復し始め，生産はその後も順調に推移し，第2サイクルに入った。すなわち，生産は矢印③の局面では2015年第3四半期の8.6%（在庫▲6.6）から2017年第4四半期のプラス17.2%（在庫11.1）をピークに，2019年第1四半期の4.4%（在庫36.3）まで15期連続して増加した。2019年第2四半期には▲2.7%（在庫36.2）と減少に転じたが，翌第3四半期にはプラス2.5%（在庫32.8）と増加に転じた。2サイクル目の回復は早かったが，生産の低下は翌2019年第4四半期から始まり，その後の落ち込みも1サイクル目よりも大きく，深くなっている（矢印④）。

また，図5.3の化粧品の出荷と在庫の循環図は，2014年4〜6月の第1四半期から2020年第2四半期までの化粧品工業の出荷指数（横軸）と在庫指数（縦軸）を描いたものである。

出荷の減は生産の減少よりも大きく（矢印①），また，その期の数も多かったが，図からわかるように2サイクル目の回復は早かった（矢印②）。出荷増を待たずに回復した点が，生産と在庫の循環図との大きな違いとなっている。

他方で，出荷指数と生産指数は，全26四半期中，1四半期（2015年第2四半期）を除いた計25四半期の符号が同じであることが示すように，両指数はほぼ同じような動きを示した。したがって，図5.2と図5.3の形は非常に似ている。

ただ，理論的には，出荷と在庫は逆の動きを示すはずである。しかし2019年第2四半期までは，この逆のケースが多くなっている。

すでにみたように，在庫調整は，2015年第2四半期から，2017年第2四半期まで9期―2年強―続き，

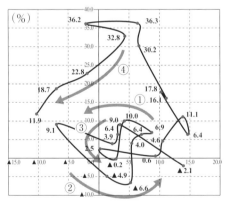

図5.3　出荷と在庫の循環図（化粧品）

ようやく終わったが，同第4四半期には1期前の生産増による増加が始まり，再び，後ろ向きの意図せざる在庫の増加が続いている。「自粛」の解禁が始まった 2000 年 9 月以降の化粧品の動きは，移動の活性化との高い相関を示すものになるであろう。

2 変化率（増減率）

変化率は増減率，成長率という概念でも用いられているので読者にも馴染みの深いものであろう。変化率は，基準値からの増減額を基準値で割って割合もしくは百分率（%）で表したものである。

多期間にわたる平均変化率はすでに幾何平均 M_G を用いて計算することを説明したが，連続した期間について変化率を計算する場合には，下記 (5.5) 式を用いる。ここで，x_0 は初期時点の値，x_1 は時点 1 の値を示す。

$$g_1 = \frac{x_1 - x_0}{x_0} \tag{5.5}$$

一般にある期間（暦年，年度，上期，下期，四半期，月，旬，週，日など）について，時系列データが与えられているとき，毎期の増減額を前期に対して計算する形でよく使われる。このとき，対前年比，対前年度比，対前期比，対前月比，対前週（末）比，対前日比などと呼ばれる。

1. 変化率（対前期増減率）―製品別販売額のケース

表 5.1 は，4 つの製品の 2020 年度と 2021 年度の販売額（単位：億円）のデー

表 5.1 変化率（対前期増減率）の計算

製品	2020 年度（初期値）	2021 年度（比較値）	差	g（変化率）
A	100.00	110.0	10.0	10.0%
B	100.00	130.0	30.0	30.0%
C	100.00	120.0	20.0	20.0%
D	100.00	80.0	▲20.0	▲20.0%
合計	400.00	440.0	40.0	40.0%

タ（架空）である。

初期時点である 2020 年度の 4 つの製品の販売額は 100 億円と同額であるが，翌 2021 年度はすべて異なるようにデータを作ってある。このとき，差を計算し，それを各製品の基準時点の 2020 年度の販売額で割り，百分率（%）で表現したものが右端の欄の g（変化率）である。

2. 変化率（対前期増減率）─同一製品長期時系列のケース

表 5.2 は，同一製品長期 10 年間の時系列データのケースを示している。この場合，初期時点 0 の 100 億円から最終 10 期まで，10 億円ずつ毎年同額の販売額の増加となっているが，対前年度比の変化率（%）は 10.0 → 9.1 → 8.3 → 7.7 → 7.1 → …… → 5.6 → 5.3% と漸次低下していること，初期時点 0 から最終 10 期までの平均変化率（幾何平均 M_G）が 7.2% になっていることを確認されたい。

表 5.2　変化率（対前期増減率）の計算

期	level	g（変化率）
0	100.00	−
1	110.00	10.0
2	120.00	9.1
3	130.00	8.3
4	140.00	7.7
5	150.00	7.1
6	160.00	6.7
7	170.00	6.3
8	180.00	5.9
9	190.00	5.6
10	200.00	5.3
幾何平均　M_G		7.2%

3　寄与度・寄与率

異なる時点での数値の変化は，変化率（増減率）として把握できることはすで

に確認した。変化率で用いた変数 x は単独の変数であり，いくつかの変数の合計値ではなかった，あるいは合計値として捉えられていなかったといえよう。

そこで，この変数 x がいくつかの構成要素から成り立つ場合を考えてみよう。

変数 x がいくつかの構成要素から成り立つということは，今，変数 x を X とし，その構成要素を x_i $(i = 1,2,\cdots,n)$ と再定義することで以下のように示すことができる。

$$X = \sum_{i=0}^{n} x_i \qquad (i = 1, 2, \cdots, n) \tag{5.6}$$

この時に，合計値である X の動きは個別の x_i の動きの集計値として表現される。

例えば，複数の車種を販売している自動車のディーラーを考えてみよう。

3 つの車種 A，B，C がある場合，各車種の売上の動きは全体の売上の合計値を部分として構成するが，全体の売上の動きの方向と個別の車種の売上の動きの方向は必ずしも同じとはならない。

あるいは，複数のコンビニ店の売り上げと一つのエリア内のコンビニ店の売上の関係についても同じことがいえよう。3 つのコンビニ店 A，B，C がある場合，各店舗の売上の動きは全体の合計値を構成するが，全体の動きの方向と個別のテンポの動きの方向は必ずしも同じとはならない。

あるいは，複数の工場をもつ自動車組立メーカーのある期間 (例えば，1 カ月，四半期，半年，1 年等) の生産量 X が個別の工場の生産量 x_i の合計値として把握される場合にも同じことが当てはまる。

個別の変化は，個別の増減率として把握できるが，この部分の変化は全体の変化と同じ方向になるとは限らないことはすでに述べたが，いま少し注意が必要となる。すなわち，部分の大きさが出発時点で同じとは限らないことである。誤った理解に通ずる落とし穴がここにあるのである。

こうした落とし穴の理解も含め，表を用いて説明を行うこととする。

ある時点や時系列データにおいて，全体と部分の両方にわたるデータが与えられている場合，全体の変化 (増減) に対する各要因 (構成項目，内訳) の貢献

度を量的に捉えることができる。こうした各要因の全体への量的貢献度は，寄与度や寄与率で求めることができる。

寄与度 Degree of Contribution とは，ある変数に対し，個別の要因がどれだけ寄与したのかを量的に示す測度である。個別の要因の変化率とは異なるものである。また，**寄与率 Contribution ratio** は寄与度全体の変化率を100として，個別の要因の寄与度の割合を示したものである。

表5.3は変化率，寄与度，寄与率を一般式で示したものである。

表5.3 変化率・寄与度・寄与率

メーカー名	比較時点	基準時点	増減量
A 社	A_{t+1}	A_t	$A_{t+1} - A_t = \Delta A$
B 社	B_{t+1}	B_t	$B_{t+1} - B_t = \Delta B$
C 社	C_{t+1}	C_t	$C_{t+1} - C_t = \Delta C$
合計	$A_{t+1} + B_{t+1} + C_{t+1}$	$A_t + B_t + C_t$	$(A_{t+1} + B_{t+1} + C_{t+1}) - (A_t + B_t + C_t)$

変化率（％）	寄与度（％）	寄与率（％）
$(A_{t+1} - A_t)/A_t \times 100$	$\Delta A/(A_t + B_t + C_t) \times 100 = CRA$	$CRA/TCR = CrA$
$(B_{t+1} - B_t)/B_t \times 100$	$\Delta B/(A_t + B_t + C_t) \times 100 = CRB$	$CRB/TCR = CrB$
$(C_{t+1} - C_t)/C_t \times 100$	$\Delta C/(A_t + B_t + C_t) \times 100 = CRC$	$CRC/TCR = CrC$
$\{(A_{t+1} + B_{t+1} + C_{t+1}) - (A_t + B_t + C_t)\}/(A_t + B_t + C_t) \times 100$	$(\Delta A + \Delta B + \Delta C)/(A_t + B_t + C_t) \times 100 = TCR$	$TCR/TCR = 100.0$

表5.4は表5.1の製品別の販売額について，寄与度，寄与率を計算したものである。

表5.4 変化率（対前期増減率）・寄与度・寄与率の計算　　　　　　[億円]

製品	2020年度（初期値）	2021年度（比較値）	差	g（変化率）	寄与度	寄与率
A	100.00	110.0	10.0	10.0%	2.5%	25.0%
B	100.00	130.0	30.0	30.0%	7.5%	75.0%
C	100.00	120.0	20.0	20.0%	5.0%	50.0%
D	100.00	80.0	▲20.0	▲20.0%	▲5.0%	▲50.0%
合計	400.00	440.0	40.0	10.0%	10.0%	100.0%

製品別に見た個別の変化率，寄与度，寄与率の値の違いについて注目してほしい。例えば，製品Aの場合，100から110へと10億円販売額が増加したため個別の変化率は $g = 10.0\%$ であったが，寄与度は前年度の販売額総額400億円に対する変化率で計算するため2.5%の寄与度になっている。同様に，製品Bの寄与度は7.5%，製品Cの寄与度は5.0%そして製品Dの寄与度は▲5.0%となっている。

　寄与率は，合計の寄与度10.0%を分母にとり，製品別の寄与度を分子にとって計算し，寄与度全体に占める各製品の寄与度の割合を示すものである。表5.4の右端の列にあるように，製品Aの寄与率は，25.0%，製品Bの寄与率は75.0%，製品Cの寄与率は50.0%そして製品Dの寄与率は▲50.0%となっている。

　これを踏まえ，A，B，C 3つの製品を販売するメーカーを例に，数値例で寄与度・寄与率のさまざまなケースを示したものが，以下のケース1～4である。それぞれについて説明を加えよう。

1. ケース1　寄与度・寄与率／初期値・比較値がそれぞれ同じケース

　ケース1はA，B，C 3つの製品販売量が，初期値100，比較値が110と3製品とも同一のケースである。このとき，表からわかるように初期値の売上合計は300となり，比較値の合計は330となる。初期値と個別値の差は3製品とも10であり，合計の場合は30となる。このとき，個別の変化率は10.0%と同一となり，全体の変化率も10.0%となる。

表5.5-① ケース1　初期値・比較値が同じケース　　　　　［億円］

製品	2020年度 （初期値）	2021年度 （比較値）	差	g （伸び率）	寄与度	寄与率
A	100.00	110.0	10.0	10.0%	3.3%	33.3%
B	100.00	110.0	10.0	10.0%	3.3%	33.3%
C	100.00	110.0	10.0	10.0%	3.3%	33.3%
合計	300.00	330.0	30.0	10.0%	10.0%	100.0%

この表5.5-①からわかるように，3製品の全体に対する貢献度（寄与度）は同じ増加額10であり，初期値も同一であることから量的にも同じ貢献度を示すことが予想される。実際，個別の製品の寄与度は定義式からいずれも3.3％（=10.0/30.0 × 100）となり，合計の変化率は10.0％（30.0/300.0 × 100）となる。また，寄与率は個別の製品については33.3％（=3.3/10.0 × 100）となり，合計は100.0％（=10.0/10.0 × 100）となる。確かに，3製品の全体の増加に対する量的貢献が等しいことが確認できた。

初期値100，比較値が110と3製品とも同一のケースの場合でも，変化率は10.0％と同じ値であっても，個別の寄与度3.3％と全体の寄与度10.0は異なる値となっていること，しかし，全体の変化率を100.0としたときの寄与率は個別では33.3％と同一となっていることに注意が必要である。

2. ケース2　寄与度・寄与率／初期値が同じで,比較値が異なるケース

ケース2は初期値が同じで，比較値が異なるケースである。すなわち，A，B，C 3つの製品販売量が，初期値100は同一であるが，比較値はAが110.0，Bが90.0，Cが120.0と3製品とも異なるケースである。このとき，表5.5-②からわかるように初期値の売上合計は300.0であるが，比較値の合計は320となる。初期値と個別値の差はAが10.0，Bが▲10.0，Cが20.0と3製品とも異なる。

このとき，個別の変化率は3製品とも異なり，Aが10.0％，Bが▲10.0％，Cが20.0％となり，全体の変化率も6.7％となる。

表5.5-②　ケース2　初期値が同じで，比較値が異なるケース　　［億円］

製品	2020年度 （初期値）	2021年度 （比較値）	差	g （伸び率）	寄与度	寄与率
A	100.00	110.0	10.0	10.0%	3.3%	50.0%
B	100.00	90.0	▲10.0	▲10.0%	▲3.3%	▲50.0%
C	100.00	120.0	20.0	20.0%	6.7%	100.0%
合計	300.00	320.0	20.0	6.7%	6.7%	100.0%

この場合，3製品の寄与度はAが3.3%（=10.0/300.0 × 100），Bが▲10.0%（=▲10.0/300.0 × 100），Cが6.7%（=20.0/300.0 × 100）となり，全体の変化率は6.7%（=20.0/300.0 × 100）となる。また，寄与率はAが50.0 %（≒ 3.3/6.7 × 100），Bが▲50.0%（≒ ▲3.3/6.7 × 100），Cが100.0%（=6.7/6.7 × 100）となり，全体の寄与率は100.0%となる。

初期値が同一（100）で，比較値が3製品とも異なるケースの場合，全体の変化率と同じ変化の方向の場合には，全体の符号（プラスかマイナス）と同じ変化の方向の製品は同じ符号の寄与率を示すことが確認できた。

3. ケース3 寄与度・寄与率／初期値が異なり，比較値が同じケース

ケース3は初期値が異なり，比較値が同じケースである。すなわち，A，B，C 3つの製品販売量が，初期値Aが110.0，Bが200.0，Cが80.0と3製品とも異なり，比較値が110と3製品とも同一のケースである。このとき，表5.5-③からわかるように初期値の売上合計は380.0となり，比較値の合計は330.0となる。また，初期値と個別値の差は，Aが10.0，Bが▲90.0，Cが30.0となる。売上が全体として380.0から330.0へと▲50.0と減少しているケースとなり，これまでのケースとの大きな違いはこの点にある。

表5.5-③ ケース3 初期値が異なり，比較値が同じケース　　　[億円]

製品	2020年度 （初期値）	2021年度 （比較値）	差	g （変化率）	寄与度	寄与率
A	100.00	110.0	10.0	10.0%	2.6%	▲19.7%
B	200.00	110.0	▲90.0	▲45.0%	▲23.7%	179.5%
C	80.00	110.0	30.0	37.5%	7.9%	▲59.8%
合計	380.00	330.0	▲50.0	▲13.2%	▲13.2%	100.0%

このとき，個別の変化率は3製品とも異なり，Aが10.0%，Bが▲45.0%，Cが37.0%となり，合計値の変化率は▲13.2%となる。

初期値が異なり，合計値が減少するときは，比較値が同じでも，「全体の変化率と同じ方向に変化する場合には，全体の符号（プラスかマイナス）と同じ符

号の寄与率を示すこと」を，寄与度と寄与率の符号の違いも含め，確認してみよう。

この場合，3製品の寄与度はAが2.6％（＝10.0/380.0 ×100），Bが▲23.7％（＝▲90.0/380.0×100），Cが7.9％（＝30.0/380.0×100）となり，合計の変化率は▲13.2％（＝▲50.0/380.0×100）となる。また，寄与率はAが▲19.7％（≒2.6/▲13.2×100），Bが179.5％（≒▲23.7/▲13.2×100），Cが▲59.8％（＝7.9/▲13.2×100）となり，全体の寄与率はこの場合ももちろん100.0％となる。

全体の変化率が減少している場合でも，全体の符号（プラスかマイナス）と同じ変化の方向の製品は全体と同じ符号の寄与度・寄与率を示すことが確認できた。

4. ケース4 寄与度・寄与率／初期値も比較値もすべて異なるケース

ケース4は初期値も比較値もすべて異なるケースを示している。

この場合に，各自で，個別の変化率が，Aが10.0％，Bが▲55.0％，Cが50.0％となり，全体の変化率が▲15.8％となること，また，3製品の寄与度がAが2.6％，Bが▲28.9％，Cが10.5％となり，合計の寄与度が▲15.8％となり，寄与率はAが▲16.5％，Bが183.0％，Cが▲66.5％となり，合計の寄与率は100.0％となることを確認してみよう。

表5.5-④　ケース4　初期値，比較値がいずれも異なるケース

製品	2020年度 （初期値）	2021年度 （比較値）	差	g （変化率）	寄与度	寄与率
A	100.00	110.0	10.0	10.0%	2.6%	▲16.5%
B	200.00	90.0	▲110.0	▲55.0%	▲28.9%	183.0%
C	80.00	120.0	40.0	50.0%	10.5%	▲66.5%
合計	380.00	320.0	▲60.0	▲15.8%	▲15.8%	100.0%

以上，各ケースで寄与度・寄与率を詳しく見てきたが，全体の変化率が増加している場合と減少しているケースに分かれるが，全体の符号がプラス（増加）もしくはマイナス▲（減少）になっている場合，寄与度はそれぞれの場合に同

じ符号となるのに対し，寄与率は逆の符号になることに注意が必要である。

寄与度，寄与率はマクロ経済の国民所得の分析にも用いられる。

表5.6 は，GDP の寄与度・寄与率を計算したものである。2018 年度は実績値に近い概数値，2019 年度も第4四半期（2020 年11 月から3 月期）以降，COVID-19（新型コロナウイルス感染症）拡大で，世界中で死者数約192 万人，感染者数 8,897 万人という大きな被害者（2021 年1 月8 日時点ジョンズホプキンス大学調べ）が生まれ，日常生活にも大きな影響を与えたが，グローバルな経済も影響を受け続けている。日本では，2020 年4 月7 日発令の「緊急事態宣言」「緊急経済対策」を受けた日本企業は，対応を余儀なくされるとともに，グローバル化の見直しも進められてきている。日本政府も月例経済報告で，景気について「急速に悪化しており，極めて厳しい状況」との判断を示した。「悪化」という表現は 2008 年のリーマンショック後の 2009 年5 月以来約11 年ぶりであり，COVID-19 の拡大で経済活動の制約が強まり，消費や生産，雇用などの足元の指標が総崩れとなっており，先行きも「極めて厳しい状況が続く」とした。9 月の『日銀短観』では，業況判断 DI（良しとする割合から悪いと判断した割合を引いた数値）は製造業・非製造業ともに改善したものの，「依然として

表 5.6　GDP の寄与度・寄与率（想定値）

項目	2018 年度（概数値）	2019 年度（初期値，推定）	対前年度変化率（％）	2020 年度（仮定値）	差	2020 年度 g（変化率）（％）	寄与度（％）	寄与率（％）
C 消費	305	274	▲5.4%	270	▲4	▲1.5%	▲0.7%	14.1%
I 投資	106	86	▲3.5%	68.8	▲17	▲20.0%	▲3.1%	60.8%
G 政府支出	139	160	3.7%	160	0	0.0%	0.0%	0.0%
E 輸出	96	70	▲4.6%	60	▲10	▲14.3%	▲1.8%	35.3%
M 輸入	95	70	▲4.4%	60	▲10	▲14.3%	▲1.8%	35.3%
Yf 海外からの所得の受取	34	42	1.4%	35	▲7	▲16.7%	▲1.3%	24.7%
Yt 海外への所得の支払い	14	14	0.0%	14.1	0	0.7%	0.0%	▲0.4%
合計	571	548	▲4.0%	519.7	▲28	▲5.2%	▲5.2%	100.0%

図 5.4　日本の実質 GDP 予測値

（出所）三菱総合研究所 NEWS RELEASE「緊急事態宣言・緊急経済対策を受けた日本経済見通し改定値」2020 年 4 月 13 日 https://www.mri.co.jp/knowledge/insight/ecooutlook/2020/20200413.html（2020 年 10 月 8 日最終閲覧）より一部加筆のうえ転載

低水準」となっている。

　日本経済の成長率も，見直しがなされているが，例えば，（株）三菱総合研究所は，2020 年 4 月の時点で，2 つのパターンの実質 GDP 成長率を予測している（図 5.4）。COVID-19 による経済活動の抑制が 2020 年 6 月末にピークアウトした場合には，2019 年度比 ▲1.6％（図 5.4 シナリオ①），また，2020 年 12 月末にピークアウトする場合には同 ▲3.9％（図 5.4 シナリオ②）であるとした。

　実際はどうであったか。2020 年 5 月の自粛解除後の経済活動の再開等の経済優先策により，皮肉にもピークアウトの時期はシナリオ①と②の間ではなく②よりもさらに後ろにずれ込んだ。

　このように，支出（需要）項目の変化率を想定したり，経済成長率の数値を変えることにより，シミュレーションをしてみるのも今後の日本経済の予測の作業として意味をもつものである。

第6章
クロス表データの分析
──関連（連関）係数，相関係数

　質的に異なる複数の属性（カテゴリー）の間に何らかの関係があるか否かを確かめたいことがある。この場合の関係とは，2つの変数を x と y とすれば，一次関数的，リニア（線形）な同一方向への変化あるいは逆の方向への変化という関係であったり，また，二次関数や三次関数的な関係等いくつかの関係が考えられるが，現象の分析という点では，原因と結果の関係すなわち，**因果関係 Causality** が最重要となる。

　以下では，2変数のもつ多様な関係を，まず，データをプロットした散布図で確認し，その後，多次元表，その特殊なケースとしての 2×2 の分割表による事象間の関係をみたうえで，事象間の独立性あるいは関連性の強弱の程度を測る関連係数（連関係数）を紹介し，その後に，直線的（リニア）な関係の強さを測る相関係数を紹介する。

1　散布図

　2変数 x, y を X 軸，Y 軸にそれぞれとり，変数の対 (x_i, y_i) を点で示したものを**散布図 Scatter diagram** という。散布図は x と y の関係を図としてヴィジュアル化してくれるので，単純明解な動きを際立たせてくれるが，他方では，複雑な関係を単純に示してくれるわけではない。

　しかし，散布図は，表だけではイメージしにくい2変数 x, y の関係の単純

さや複雑さを示してくれるのであるから，必ず描くようにすべきである。単純で明確な関係が見えてくれば，2変数間の因果関係についての私たちの仮説の設定に役立つはずである。

　図6.1は9つの異なる2変数間の関係を示す散布図である。
　右上がり（positive，正）の線形な関係を示す図a），逆に，右下がり（negativ，負）の線形な関係を示す図b），また，右上がりの曲線の関係を示す図c），右下がり曲線の関係を示す図d），下に凸の2次曲線的関係を示す図e），指数関数的関係を示す曲線の図f），また，ビッグデータ時代の分布としてしばしば取り上げられる右下がりの曲線的関係を示す図g），2変数間の関係がつかみにくい図h），図i）などがある。

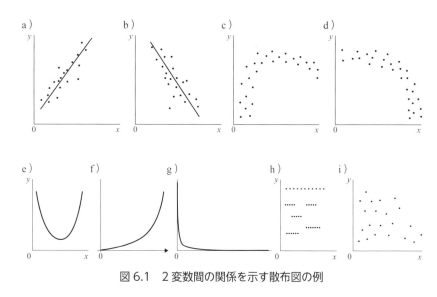

図6.1　2変数間の関係を示す散布図の例

2　分割表

　複数の属性の間に何らかの関係があるかどうかを調べたいことがある。例えば，経営学やマーケティング分野では，地域別の商品の販売量の相違という関係の有無を知ることは重要である。また，年齢と食事の好みの関係や，よく見る映画や，よく聞く音楽，そして，自分で行うスポーツの関係等について知りたくなる場合がある。これらは，年代の区分の仕方（年齢階層）によるクラス数 m と食事のジャンル数 n の組み合わせで分割表に示すことができる。

　より一般的にいえば，質的データは，クロスさせるカテゴリーの個数（それぞれを，m, n とすれば）により，表6.1 のような m 行，n 列の**分割表 Contingency table** に分けることができる。このような表を，**$m \times n$ の分割表**という。

表6.1　$m \times n$ の分割表

	1	2	……	n	計
1	f_{11}	f_{12}	……	f_{1n}	$f_{1.}$
2	f_{21}	f_{22}	……	f_{2n}	$f_{2.}$
⋮	⋮	⋮		⋮	⋮
m	f_{m1}	f_{m2}	……	f_{mn}	$f_{m.}$
計	$f_{.1}$	$f_{.2}$	……	$f_{.n}$	$f_{..}$

3　関連係数

　多次元の分割表である $m \times n$ の分割表の基本となるものは $m = n = 2$ の分割表で，この2行2列の分割表は，**2×2 の分割表**と呼ばれる（表6.2）。

　この 2×2 の分割表の行，列の属性には，さまざまな事象が入るが，すでにみた検査結果の表も該当する（表6.3）。

　関連係数は2つの属性・カテゴリー間の関係すなわち因果関係の強さの程度を測るための量的測度として考えられたものである。2×2 の分割表の場合には，2つの測度がある。一つは，ユールの関連係数 Q，四分点相関係数（φ 係数），クラメールの連関係数などがある。これらの定義式や注意事項をまず見ておくことにする。

表6.2　2×2 の分割表

属性	II		行和
	○	×	
I　○	a	b	$a + b$
×	c	d	$c + d$
列和	$a + c$	$b + d$	n

注：総和 $n = a + b + c + d$

表 6.3　検査結果の表

		検査結果		計
		陽性	陰性	列和
真の状態	病気あり	a 真陽性	b 偽陰性	$a + b$ 病気ありの合計
	病気なし	c 偽陽性	d 真陰性	$c + d$ 病気なしの合計
行和	計	$a + c$ 陽性の合計	$b + d$ 陰性の合計	$n = a + b + c + d$ 総和

ユールの関連係数 Q も 2×2 分割表にのみ適用できるものである。

1.　ユールの関連係数 Q

ユールの関連係数 Q は次式によって求めることができる。

表 6.2 2×2 の分割表において，属性 I，IIをクロスさせると a, b, c, d という 4 つのセル（升目）ができる。ユールの関連係数 Q は，セル a, b, c, d をたすき掛け—斜めに掛け—て，その和を分母に，差を分子にとって計算する。

$$\text{ユールの関連係数 } Q = \frac{ad - bc}{ad + bc} \tag{6.1}$$

ユールの関連係数 Q は，$-1 \leq Q \leq 1$ をとる。解釈としては，$|Q| = 1$ のとき，2 変数は強い関連があり，$|Q| = 0$ に近づくにつれ，関連が見られなくなる。ちなみに，$a = b = c = d$ のケースでは，分子 $ad - bc = 0$ となり，したがって，$Q = 0$ となることがわかる。また，$ad - bc = 0$ から，$ad = bc$，したがって，$a/b = c/d$ あるいは $a/c = b/d$ のとき，分子がゼロになることがわかる。

また，名義尺度を扱う場合にマイナスの値は意味をもたないので，絶対値をとる必要があるとの考えもあるが，行と列にとった質的カテゴリーを入れ替えれば，符号が逆転することを忘れずにおけばよい話である。

〔例題 1〕

　検査結果と罹患に係る真の状態との関連係数 Q はどの位の値になるのであろうか？

　10 万人の対象者に対し，罹患率が 5％という，初期の段階での関連係数 Q は，

表 6.4　2 × 2 行列表　関連係数 Q の計算

		検査結果		計
		陽性	陰性	
真の状態	病気あり	4,750	250	5,000
	病気なし	4,750	90,250	95,000
	計	9,500	90,500	100,000

$$Q = \frac{4750 \times 90250 - 250 \times 4750}{4750 \times 90250 + 250 \times 4750} = 0.994$$

となり，かなり高い関連をもつことを示している。もっとも，このデータの元でも陽性の予測値，すなわち，検査結果で陽性と判定された被験者のうち病気のない人の割合は，4750/9500 = 0.500 と 50.0％になっていることがわかる。病気の流行の初期の検査結果は 2 人に 1 人は外すという大きなものとなることも忘れてはならない事実である。2020 年 2 月にわが国で感染が拡大した新型コロナ肺炎において，陽性から陰性になり，再び陽性となったケースが報告されたが，最初の検査結果の判定である「陽性」をそのまま信じてしまうと，感染経路，感染パターンについての分析が大きく異なったものになってしまうことになるのである。「再感染」か「再陽性化」という見立ての分け方にも，疑念をもつ必要があるのである。

〔例題 2〕

　読者の皆さんはスモン事件をご存じであろうか？　スモン事件とは，**スモン病 Subacute Myelo-Optico-Neuropathy** の頭文字 SMON をとったものであるが，亜急性脊髄視神経症患者を大量発生させた薬害事件である。1955 年頃散発し，その後，全国各地で発生数が漸次増加し，私が生まれた釧路市で 1961 年，集団発生し，翌 1962 年釧路市でのピークを示したので「釧路病」とも呼ばれた。図 6.2 に示されているように 1963 年以降，全国各地—米沢，岡谷，徳島，札幌，小樽，埼玉県戸田（「戸田病」），福島県浮羽町，名古屋，室蘭，釧

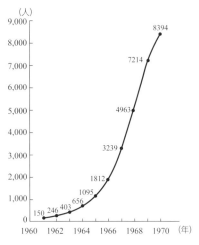

(人)

図 6.2　わが国におけるスモン発生数の
　　　　年経過（厚生省資料による）
（出所）高橋晄正（1981：61）

路（再発），呉，湯沢，岡山県井原町，同湯原，小樽（再発）—で集団的に多発し，1969 年に全国のピーク（8,394 人）を迎え，その後，井原，湯原で急減もしくは減少し，全国的にも年末に減少傾向を示した。原因（キノホルム）が解明されたからである。

　スモン病の被害者は，当初，下痢や腹痛，便秘などの腹部の症状があり，その診察と処方のために地元の病院を訪れた。病院からキノホルムを処方され，服用した患者から，キノホルムの腸管自律神経の破壊による激しい腹痛や下痢などの症状が起きた。しかし，「腹部症状が治っていない」と医師が誤診し，キノホルムによる処方を継続した。その後，患者には知覚異常や運動障害の神経症状（次第に足の上方へ）が発生し，本格的なスモン病となった。

　スモン病の臨床的特徴を東京スモン判決から引用しておこう。

　「下肢筋力低下などによる歩行障害や視神経萎縮による視力障害に加えて，四六時中続くしびれや激痛などの知覚障害が見られることで，スモン患者は時としてこの三重苦の悲惨な様相を呈する」（東京スモン判決）。また，高橋晄正は被害の本質を次のように喝破する。「永久破壊である」「全身破壊である」「人間破壊である」と（高橋，1981）。

　さて，スモン病は 1970 年をピークに何故，減少したのであろうか？それは，原因がわかったからである。1964 年，当時の厚生省（現・厚生労働省）は，科学研究班（前川班）を発足させたが，成果なく，1967 年に解散した。その 2 年後の 1969 年に特別研究班が発足し，「スモン調査研究協議会」へと発展した。この協議会は 1970 年「キノホルム説」を発表し，これによりキノホルム剤の

販売，使用が中止された。その後，スモン病の発生は劇的に低下した。

1979年9月15日，「スモン患者全国協議会」（「ス全協」）とこれに加入する各地のスモンの会並びに各地のスモン弁護団と厚生省，日本チバガイギー（株），武田薬品工業（株）および田辺製薬（株）との間で和解によって訴訟を終わらせる基本方針について合意に達し，確認書が取り交わされた（淡路，1981）。

スモン事件についてやや詳細に紹介したが，この裁判の中では，キノホルム製剤内服総量とスモン発症率の関係を示す図など多くの統計データが示された。石山病院のスモン発生状況についての下記のデータもその一つである。

表6.5から石山病院では，患者155人のうち，スモン患者は34人で，スモン患者でない患者は121人であった。また，キノホルムを処方した患者のうち34人がスモン病を発症し，44人が発症しなかったこと，そして，キノホルムを服用しなかった患者77人すべてがスモン病を発生しなかったことがわかる。

表6.5　石山病院のスモン発生状況

病院	処方	キノホルム あり	なし	計
スモン	病気あり	34	0	34
	病気なし	44	77	121
計		78	77	155

（出所）高橋（1981：81）の図のデータより作成

このとき，ユールの関連係数 Q は，

$$Q = \frac{34 \times 77 - 0 \times 44}{34 \times 77 + 0 \times 44} = 1$$

となり，キノホルムの服用とスモン病の発生の間には非常に強い関連があることが示されている。

2. 四分点相関係数（φ係数）

2行×2列のクロス集計表における行のカテゴリー（質的属性）と列のカテゴリー（質的属性）間の関連の強さを示す測度であるが，定義式は，(6.2) あるいは (6.3) のとおりである。

$$\varphi \text{係数} = \frac{ad - bc}{\sqrt{(a+b)(c+d)(a+c)(b+d)}} \tag{6.2}$$

あるいは，

$$\varphi = \sqrt{\frac{x^2}{n}} \tag{6.3}$$

　四分点相関係数の値の取りうる範囲は $-1 \leq \varphi \leq 1$ であるが，質的カテゴリーの場合，この四分点相関係数は以下のように各カテゴリーを 0 と 1 に置き換えて，その相関係数を求めることで算出できる。

表6.6　φ四分位点相関係数

ケース	1	2	3	4	5	6	7	8	9	10
性別	1	1	0	0	1	1	0	0	1	0
喫煙習慣	1	0	1	1	1	0	0	1	0	1

		喫煙習慣	
		あり	なし
性別	男性	2	3
	女性	4	1

(6.2) 式より $\varphi = -0.408$ となり，この架空の数値例の場合，喫煙習慣と男女の性別の間には，関連がないとはいえないという程度の値となっている。

3.　クラ―メルの連関係数 V

　クラメールの連関係数 **Cramer's coefficient of association** あるいは，Cramer's V も，m 行 × n 列のクロス集計表における行のカテゴリー（質的属性）と列のカテゴリー（質的属性）間の関連の強さを示す測度であるが，定義式は，(6.4) の通りである。

$$V = \sqrt{\frac{\chi^2}{N \times min(m-1, n-1)}} \tag{6.4}$$

ここに，N はサンプルサイズである。

　クラメールの連関係数 V は，多次元分割表において，χ^2 統計量を用いて計算されるが，$0 \leq V \leq 1$ の値をとり，1 に近いほど両カテゴリー間の関連が強いと判断できる。

4 相関係数

　周知のように，2019 年 12 月以降，COVID-19（新型コロナウイルス感染症）が世界中に拡大し，高齢者を中心として肺炎等による死者が多数発生した。無症状者も多いが，高齢者のみならず，中年層・若年層を含め，重傷者も多く出ている。この感染症の様相には，「新型コロナウイルスが原因となって，肺炎を起こす」という因果関係が認められる。また，2020 年 3 月の安倍首相の「判断」による全国の小中学校の「全校休校」，それにつづく，緊急事態宣言による国民の行動の自粛では，社会生活・経済活動に大きな影響が出た。ここに，人の活動の制限により感染は収束するという因果関係，また，活動制限により，経済状況は悪化するという因果関係がみてとれよう。その後の経済活動の再開，つまり，経済活動と感染症対策が天秤にかけられ，感染対策が疎かにされ，経済活動が優先された結果，冬に向かっては感染が再び急激に拡大した。

　こうした因果関係をつかむにはすでに紹介したユールの関連係数やクラメールの連関係数があるが，統計データとして把握できる 2 変数の間の直線的な関係の測度として**相関係数 Correlation coefficient, ρ, r** を紹介する。相関係数はデータ全体の集まりである母集団に対しても計算できるし，母集団から抽出された標本からも計算できる。母集団から計算された相関係数すなわち母相関係数 ρ は，標本から計算された標本相関係数 r とは区別すべきものである。一般に相対係数とは，ピアソンの積率相関係数を指すので，これを紹介する。以下，相関係数は r と表記しておく。

　身長と体重の関係，気象状況と商品の販売量の関係，広告宣伝費と商品の販売量，イベントの開催と商品の販売量，出店数と販売額の関係，品揃えと小売店販売額の関係，食塩の摂取量と特定の病気の罹患率の関係，特定の疾患に対する処方薬の摂取量とその疾患の改善度など私たちがこれらの 2 変数間の直線的な関係の程度—強さや弱さ—を測りたいと思うことはしばしばである。

　まず，強く意識しておかなければならないことがある。相関係数 r は，2 変数間の直線的な関係，すなわち，一方の変数 x が増加（減少）しているときに，

他方の変数 y が右上がりに増加していたり，逆に，右下がりに減少しているような対応関係がある時に，その程度の強弱を測る測度であること。したがって，**x と y の因果関係を測る測度ではない**ということである。

また，相関係数 r は，$-1.000 \leqq r \leqq 1.000$ の範囲の値をとり，$r = 0.000$ のとき，2 変数間には相関関係はなく（無相関という），$r = 1.000$ あるいは $r = -1.000$ すなわち，$|r| = 1.000$ のとき，2 変数は一つの直線上を動き，非常に強い相関があることになる。右上がりの場合には，ポジティブ，**正の相関**があり，**順相関**があるという。反対に，右下がりの場合には，ネガティブ，**負の相関**があり，**逆相関**があるという。

〔問題 6.1〕 すでに示した図 6.1 は 9 つの異なる 2 変数間の関係を示す散布図であるが，これら 9 つの図 a）〜i）は，順相関，逆相関，無相関のいずれに分類できるであろうか？

1. 相関係数 r の計算

相関係数 r は，(6.5)，(6.6) 式により計算でき，$-1 \leqq r \leqq 1$ の値をとる。

r の絶対値が 1 に近いほど，強い相関があり，ゼロに近いほど相関がない（無相関）と解釈する。

$$r = \frac{\sum (x_i - \bar{x})(y_i - \bar{y})/n}{\sqrt{\sum (x_i - \bar{x})^2 \sum (y_i - \bar{y})^2 / n^2}} \tag{6.5}$$

$$r = \frac{\sum (x_i - \bar{x})(y_i - \bar{y})/n}{\sqrt{\dfrac{\sum (x_i - \bar{x})^2}{n}} \sqrt{\dfrac{\sum (y_i - \bar{y})^2}{n}}} \tag{6.6}$$

また，相関係数 r は，分子の $cov(x, y)$ は，**共分散**と呼ばれる。

よって，$\qquad r = \dfrac{cov(x, y)}{\sigma_x \sigma_y}$ $\qquad\qquad\qquad$ (6.7)

共分散 $cov(x, y)$ の簡便式は (6.8) 式のようになる。

$$cov(x,y) = \frac{\sum x_i y_i}{n} - \bar{x} \cdot \bar{y} \tag{6.8}$$

　ここに，σ_x は x の標準偏差，σ_y は y の標準偏差で，相関係数 r は，共分散 $cov(x, y)$ を，x，y の標準偏差の積 $\sigma_x \sigma_y$ で除したものであることがわかる。

　共分散 $cov(x, y)$ と相関係数 r に関する図を用いて，共分散と相関係数の理解をもう少し深めておこう。

　図6.3 は，x, y 軸に加えて，より太い実線で $\bar{x}$, $\bar{y}$ の軸が示されている。この，太い実線で示された $\bar{x}$, $\bar{y}$ 軸を基に，改めて第Ⅰ象限から，第Ⅳ象限までを時計回りに示している。第Ⅰ象限は，$(x_i - \bar{x}) > 0$, $(y_i - \bar{y}) > 0$ となり，共分散は $cov(x, y) > 0$ となる。第Ⅱ象限は，$(x_i - \bar{x}) < 0$, $(y_i - \bar{y}) > 0$ となり，共分散は $cov(x, y) < 0$ となる。また，第Ⅲ象限は，$(x_i - \bar{x}) < 0$, $(y_i - \bar{y}) < 0$ となり，共分散は $cov(x, y) > 0$ となる。また，第Ⅳ象限は，$(x_i - \bar{x}) > 0$, $(y_i - \bar{y}) < 0$ となり，共分散は $cov(x, y) < 0$ となる。

　このように，共分散で考えると，第Ⅰ象限と第Ⅲ象限にデータが多く入ると共分散はプラス $cov(x, y) > 0$ となり，第Ⅱ象限と第Ⅳ象限にデータが多く入

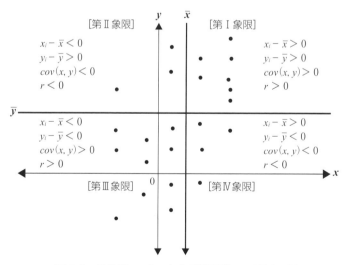

図 6.3　共分散 $cov(x, y)$ と相関係数 ρ に関する図

ると共分散はマイナス $cov(x, y) < 0$ となることがわかる。

　いま，2つの変量の間の関係の強さを x の偏差と y の偏差の積，すなわち，交差積の和の平均値を計算することで散布図が直線にどの程度近似できるかを計算できる。これが，共分散であるが，(6.6) 式からもわかるように，$y = x$ の場合には，x の偏差 $(x_i - \bar{x})$ か，y の偏差 $(y_i - \bar{y})$ のいずれかを置き換えると，分母子は一致し，共分散 $cov(x, y)$ は分散 σ^2 と一致し，相関係数 $r = 1$ あるいは，$r = -1$ となる（ロウントリー，2001：185）。

　また，共分散 $cov(x, y)$ を x の標準偏差 σ_x と y の標準偏差 σ_y で割っているので，データ x, y の単位が異なっていても，無名数となり相関係数の値は単位に影響されないのである。

2. 相関係数 r の解釈と注意点

(1) 相関係数 r の解釈

　相関係数 r は，既述のように-1 からプラス 1 の両端を含む間の値をとる。その値と解釈は，一般に表6.7 のようになっている。

　相関係数 r の絶対値 $|r|$ が 0.00〜0.19 のときは，ほとんど相関関係なし，0.20 から 0.39 のときは相関関係がないとはいえない，0.40 から 0.69 のときは相関関係あり，0.70 から 0.89 のときは強い相関関係あり，そして，0.90〜1.00 のときは非常に強い相関関係ありとするものである。しかし，任意のどのようなデータの組み合わせで計算しても相関係数 r は出てくる。筆者の経験では，線形であれば，相関係数 r は少なくとも 0.6 以上は欲しいレベルである。

表6.7　相関係数 r の値とその解釈

相関係数 r の絶対値 $|r|$	解　釈
0.00〜0.19	ほとんど相関関係なし
0.20〜0.39	相関関係がないとはいえない
0.40〜0.69	弱い相関関係あり（分野により判断は異なる）
0.70〜0.89	強い相関関係あり
0.90〜1.00	非常に強い相関関係あり

(2) 相関係数 *r* の解釈における注意点

相関係数 *r* の解釈も重要である。ビッグデータの時代においては，多用なデータが大量に得られるのであるから，同質と分類されるデータ数は小さくなることもあり得る。他方で，SPSS 等のデータ解析ソフトの普及により，記録データやアンケート調査結果等で，分析に利用可能なデータが増大していく。この際に，「理論なき解釈」が進んでいくことが懸念される。こうした点について，以前から少なくない統計研究者が警告を鳴らしていたので，その中で，D. ロウントリー，鈴木義一郎，片平洌彦の 3 氏の語る注意点を紹介し，「偽の相関」の虜（とりこ）にならず，それを見破り，科学的判断のできる統計利用者になってもらいたい。

①偽の相関

偽の相関とは相関係数 *r* は，例えば，0.6 以上，場合によっては，0.9 台の値になり，強い相関を示していても，私たちの因果関係についての説明（仮説）が成り立たない場合には，その相関は「偽の相関」と呼ばれる。「偽の相関」の認識は，私たちの現象の理解には役に立っていないことの自覚である。

D. ロウントリーは以下のように語っている。「全体的に上方あるいは下方へのトレンド（傾向）を持つような任意の二つの変量を対にして考えれば，必ず "何らかの" 相関がみられる。だとしても，その二つの変量間には，意味のある論理的関係というものはない。相関は数学的な関係であって，決して因果関係の存在を裏付けるものではない。それがなしうることは，読者の "論理的根拠" に基づく解釈を支持することである。…（中略）…そしてその解釈が，データを採集するに先立ち相関の存在を予想するためになされるならば，より重要な意味を持つ。それゆえ，相関はある理論を検定する第一段階として使われることが多い」（ロウントリー，2001：194）。

②相関係数 *r* は "等間隔" の尺度ではない

鈴木義一郎は，その著書『グラフィック統計学』で相関係数 *r* の値が 1 から 0 まで，0.1 間隔で変化していくパターンを示したのち，以下のように語っている。「モノサシの性能を正しく理解して使っている人が，存外，少ないので

ある。…（中略）…たとえば，$r = 1.0$ の図と $r = 0.9$ の図の違いが，$r = 0.5$ と $r = 0.4$ の違いと"同程度"ではない。前者の違いのほうが顕著であることは，一目瞭然である。つまり，相関係数という数値は，1 に近いところでは敏感であるが，0 に近づくほど鈍感になる。要するに"等間隔"の尺度ではないことを認識しておくことが肝要である」（鈴木，1997：53）。

　表6.7 相関係数 r の値とその解釈に示されている一般的理解における 0.6 未満の解釈はそのまま受け入れることは難しいのである。教育学，心理学，経済学，経営学，医学，薬学，看護学，農学等の分野でも 0.4〜0.6 の値の評価は分かれる。むしろ，経済・経営学分野では，理論仮説の因果的理解を優先し「相関がみられないこと」を強調すべきと筆者は考える。

③相関関係の有意性検定の必要性

　片平洌彦は「ピアソンの積率相関係数 r は，標本についての相関係数であり，母集団の相関係数 ρ ではない。標本データで相関関係があっても，それは見かけ上で，母集団同士では実は相関関係はない，ということは十分あり得ること」なので，相関関係の有意性検定が必要であるとしている。また，「厳密には，母相関係数が特定の値であるといえるかどうかの検定，さらには，母相関係数 ρ の区間推定（母相関係数がどの位の範囲に存在するのかの推定）を行う必要がある」としている（片平，2017：132-133）。

④関与率の計算

　また，相関の大まかな程度を知るために，片平は，寄与率や決定係数 R^2 を計算することを勧める。関与率（決定係数 R^2）は，y（あるいは，x）のばらつきを x（あるいは，y）でどの程度説明できるかを示す指標である。

　以上，相関係数 r の解釈と注意点を見てきたので，実際に相関係数を耐久消費財の普及率を使って計算してみることにしよう。

3. 相関係数の事例

　相関係数の事例として，因果関係もわかりやすいブラウン管テレビと液晶テ

レビの普及率の推移（2005-2013年）（表6.8参照）を用いて，相関係数 r を計算した結果を図示したのが，図6.4である。

表6.8からブラウン管テレビが，2005年には97.4%と100%近い普及率を示していたが，液晶テレビが普及し始め，その普及率調査が始まった同年にはわずか11.5%であったものが，その後，ほぼ毎年10%を超える普及率の上昇

表6.8　ブラウン管テレビと液晶テレビの普及率の推移 (2005-2013年)

	薄型（液晶，プラズマ等）(%)	ブラウン管 (%)
2005 年	11.5	97.4
2006 年	19.8	96.2
2007 年	29.4	92.9
2008 年	43.9	88.3
2009 年	54.9	83.5
2010 年	69.2	71.6
2011 年	87.9	47.3
2012 年	95.2	24.5
2013 年	96.4	19.0

（資料）内閣府『耐久消費財の普及率（一般世帯）』より

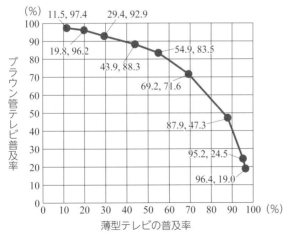

図6.4　ブラウン管テレビ（縦軸）と薄型テレビ（横軸）の普及率（%）の推移

となり，この9年間の平均では，26.6％という大きなものとなっている。

　であれば，ブラウン管テレビの普及率が劇的に低下するのは必定である。

　図6.4は，縦軸がブラウン管テレビ，横軸が薄型（液晶，プラズマ等）である。

　これを見ると，2005年から2013年にかけての両テレビの普及率の動きの相反性がよくわかる。相関係数rも，$r = -0.936$と非常に強い逆相関となっている。

第Ⅱ部
確率論と統計的推論
—パラメトリック検定・ノンパラメトリック検定—

第7章
確率と確率の公理

　本章では，確率についての定義や定理等を扱うが，その前に確率という概念の誕生に至る歴史すなわち，「確率前史」について説明を行い，その後，定義や定理について説明していく。

1 「確率前史」—確率という思考・概念はいつ生まれたのか？

　確率（蓋然性，確からしさ）といった思考は，いつごろから人々の間で共有されてきたのであろうか？

1. 確率前史

　確率の出現は，ルネサンス期の徴候から証拠への概念の変化を背景にもっている。その誕生前の歴史を「確率前史」と呼べば，この「確率前史」を研究した人物の一人に**イアン・ハッキング**（**Ian Hacking**）がいる。以下では，Ian Hacking, *The Emergence of Probability: A Philosophical Study of Early Ideas about Probability, Induction and Statistical Inference.*（『確率の出現 – 確率，帰納そして統計的推測についての初期概念の哲学的研究』，以下，『出現』[1]）を取り上げ，「確率前史」，すなわち，確率概念の誕生史をスケッチしてみることにする。

　ハッキングはこの確率前史の再検討が，**ダレル・ハフ**（**D. Huff**）[2]による統計的確率と帰納的確率との関係の考察や確率的思考が認識あるいは科学にとって

もつ意味を考える際にも有意味なものであると考えた。この意味では，「確率前史」の研究は，実証科学としての統計学にとって，その論理構造を解明するための不可欠な準備作業であるという認識に繋がるのである。

　確率の概念は 17 世紀に出現したが，それはヤヌスの顔をもっていた。つまり，2 つの意味をもっていたのである。ヤヌスの顔とは，2 つの顔（前と後ろ，あるいは左右に）をもつ古代ローマの神ヤヌスからきているが，確率概念の二重性の存在である。

　それは一方で，偶然過程の確率法則に関するかぎり統計的なものであったが，他方で命題に関する合理的信頼度を評価することに関するかぎり認識論的であった。当初からのこの確率の二重概念の存在は，現代的意味での確率という概念空間内部での競い合いの条件（確率についての可能な理論空間）であった。この空間に関して，それは 1660 年から現在に至るまで不変な形で存在し，さらにこの空間は全く異なる概念構造の変換から生まれたものであった。それらはわれわれの思考図式に少なからぬ影響を与えているので，この空間ないしその前提条件について理解することこそが確率理論をめぐる歴史的循環からわれわれを解放することになる。

　ハッキングが注目するのはメタセオリー metatheory としての概念空間であり，過去の著者の論述のなかにこの概念を発見する作業を通じて得られた「確率前史」は，15〜16 世紀（ルネサンス）からほぼ 17 世紀までとされた。

　さて，確率概念空間の形成に関係している諸概念は，次のようなものである。

　知識 knowledge，判断 opinion，理由 reason，因果 cause，徴候 sign，証拠 evidence，実験 experiment，診断 diagnosis，可能性 possibility，等可能性 equi-possibility，帰納 induction。ハッキング が『出現』で考察しているのは，ルネサンス以降 17 世紀までの時期に，科学の内容との関連を意識しつつ，上記の諸概念が確率概念の形成に向け，どのように変化してきたかという点である。ハッキングは，観念不在の時代（パスカル以前），知識と判断，徴候と診断，確率と統計，等可能性，帰納などに注目したが，少し，紹介してみよう。

2. 観念不在の時代 (パスカル以前)

パスカル (**Blaise Pascal**, 1623-1662) 以前に西欧では確率理論がなかったのは, なぜか。ハッキングはこの問いに対する解答として, ①世界についての決定論者の見解があったこと, ②数値体系と経済的誘因がなかったことを挙げている。ここに決定論とは, 初期条件を与えれば, 結果が必然的に決まるという考えである。

(1) 中世[3)]

中世の認識論では, **事実**とはいかなる証拠も考慮せずに, それ自体で信頼できるか否かが問題となるものであった。また, 「**科学**」とは必然性という点で真な, 普遍的真理たる**知識**であり, それは論証により得られると考えられていた。そして, 論証されない信念・原理・命題等は「**判断**」として区別され, ①権威者による賛意を得るか, ②テストされるか, ③「**古典**」(文献) により支持されるかのいずれかの場合, 確からしいものとなったのである。

(2) ルネサンス期 (14世紀から16世紀)

ルネサンス期になっても, 自然科学者たちは依然として, 知識と論証科学に打ち込んでおり, 確率概念の必要性を見出せず, その本格的使用も見られなかった。しかし, この時期には**徴候**という概念が生まれてきた。

徴候は, ある事象の原因を示すものではなく, ある事象が起こりつつあることを我々に告げるもので, 医学の分野で生まれたものである。この概念は確実性よりむしろ確からしさという性質をおび, また, その確からしさは, ある徴候が示されるとほとんど常にあるいはしばしばある病気が発生するという**発症頻度**から生まれたものであった。

しかも徴候は, 言葉 (論証) により生まれる属性ではなく, あくまでも自然のもつ属性であって, この徴候は実験による獲得, 自然の研究に人々の目を向けさせた。ハッキングは彼が確率の出現と呼ぶ概念空間の変形のための材料は, この徴候という概念から作り出された, とする。

そして，徴候を読み取ることが**診断 diagnosis** である。例えば，医者は，体内から取り出した物質に別の物質を混ぜ，その結果得られる沈殿物を体内の状態を示す証拠として扱うのである。

　また，中世では**実験**とは，解剖，試験，やまの三態（証拠を提供する種類）を指していたが，徴候を読み取る診断も，ルネサンス期に新たに概念化された「実験」の一つである。このような診断は，「因果の実験的方法」が高い地位についた 17 世紀の解釈と関係をもち，「実験」によって事物の作用を説明する直接的因果の証拠の提示なのである。徴候，診断は，古い科学における論証的性格（論証的証拠）から帰納的科学における仮説に対する帰納的証拠という性格へと変化し，この流れは，外在的証拠から事物にそなわる内在的証拠の経路へとつながっていくのである。この時期，確率はその名称を除くすべての形で出現し，証明と安定的規則性との結合は「内在的証拠」という概念誕生の結果として成立したのである。

　ハッキングによれば，確率と統計の概念の利用は，因果関係から独立に認識論的基準が把握されるときに，すなわち証拠という因果関係と認識論的概念を区別するときに出現した。確率の認識論的概念の出現は，①事物の原因となるもの，②それが起こったことをわれわれに告げるものとの区別の必要のために必要とされたのである（ライプニッツの自然法学）。

　等可能性（その簡単な定義は「もしあるケースが他よりも起こり易いとする理由がない場合」というものである）は，18 世紀に隆盛をみた思考方法で，フランスに生まれたが，イギリスにはなかったものである。**ライプニッツ**（**Gottfried Wilhelm Leibniz**, 1646-1716）は，確率を可能性の程度であると捉えた。だが，その可能性は，①さまざまな事象を得る力，あるいは，②等しく容易であるという意味での facile に対応するものであった。もし，厳密に客観的可能性を，実現可能性 feasibility，傾向 proclivity，性向 propensity などで定義するならば，このような実現可能性の程度は正確さの程度を変えつつ認識できる知識の対象となる。

　以上みてきたように，確率の出現は，ルネサンス期の徴候から証拠への概念の変化を背景にもっていた。このことは事物の作用を説明する仮説に対し，テス

ト-実験に合格した結果が新たな帰納的証拠となることを意味した。**判断の確率**，すなわち，論証によって獲得された属性としての確からしさは，自然に関する徴候＝頻度の証拠による確からしさ＝知識の確率へと形を変えることになる。

1660 年までに**内在的価値**という概念が確立すると，**因果性**に関してはその対象領域が**知識**から**判断**へと転移した。判断は従来，低次科学の主要部分をなし，知識は高次科学の目標であったが，このことによって知識の潜在的領域のかなりの部分は判断の領域の一部となった。低次科学と高次科学の区別がなくなり，判断と知識の差異が程度の問題となっていくのが 17 世紀であり，それは**帰納への懐疑的問題の出現 – 確率の出現の前提条件**であった。[4] これがハッキングの結論である。

事象そのものの生起にかかわる偶然的確率（確からしさ）と知識・判断に関する認識論的確率（確からしさ）という確率概念のヤヌスの顔（二重性）が区別されるべきものであるとともに，例えば，前者が統計的仮説検定における仮説設定に役立ち，後者が仮説の検定において役立つというように推測統計学における統計的ものの見方・考え方において重要な役割を担っていることを知っておくことも大切なことである。

こうした確率についての考え方は，推測統計学—母集団と標本理論—，すなわち，数理統計学として 19 世紀末から 20 世紀を通じて発展し，21 世紀に入るまで，コンピュータの発展もあり，医療のみならず，農業，教育，心理学，社会，経済，経営等人間の活動のさまざまな場で，共通の具体的な手法や判断の方法・基準づくりが行われ，また，個別の領域での特殊な方法が検討されてきた。

これを突き破ったのが，いわゆる，ビッグデータである。

2 ビッグデータ時代のデータ処理と認識における特徴と問題点

ビッグデータの時代は，大容量のデータ Volume，データの多様性 Variety，データ処理の高速性 Velocity という 3 つの V によって特徴づけされる。IoT

や Singularity（特異点）などと関係づけられ，ビッグデータ時代の特徴である
3V が強調されてはいるものの，統計処理の特徴や問題点については，あまり
語られていない。その中でも，西垣通はいち早く，これらについて重要な指摘
を行っていた（西垣，2016）。

　西垣通は，20 世紀におけるデータ分析の特徴は，理論をデータによって検
証するという考え方が，知的活動の主流になった点にあるとする。しかし，
ビッグデータ分析処理は，次の 3 つの点でこの特徴と異なっているとしている。

　すなわち，「全件処理」「質より量」そして，「因果から相関へ」の 3 つである。
とても大切な論点なので，今少し説明を続けよう。

　「全件処理」とは，全件のデータを調べるもので，品質管理における「従来
の方法，つまり，たくさんのデータから限られた少数のサンプル（標本）を抜き
とり，それらを分析してデータ全体の傾向を推し量るという方法とは大きく」
異なるのである（西垣，2016：32-35）。現在も半導体のように全品検査を機械
で行っているケースもあるが，多くは，抜き取り検査で品質管理を行うのであ
り，「全件処理」を行うには，製造機械や部品，完成品にセンサーをつけ，す
べてのデータを取得し，分析することになるのである。したがって，市中の監
視カメラのようにあるいは，それ以上に多くのセンサーが必要になるのである。

　この点に関わらせて西垣が指摘するのが，「質より量」という特徴である。
センサーは山のようにあり，その一部は壊れたり，測定精度が低下し，データ
の質が落ちる。にもかかわらず，ビッグデータ分析の基本的考え方は，「そう
いうデータは「ノイズ（雑音）」であり，誤差として無視しても，全体的な特性
は全件処理によって正確にわかる」というものとなっている。ツイッターの分
析，政治的なテーマの世論調査などにおいても，「データの質が多少悪くても
大量処理によって正確性がます，という強い信念がある」（西垣，2016：34-35）
のである。西垣は，この主張の乱暴さを指摘するとともに，ノイズの影響の程
度についての統計学的理論研究への理解を示し，そもそもデータの全件調査自
体の可能性への疑問も指摘している。また，コンピュータの技術やコスト面に
ついても全件処理への疑問を呈している（西垣，2016：36-37）。

そして，3つ目の「因果から相関へ」である。相関関係については，すでに第6章で説明したように，2つの変数間のリニア（直線）な関係を示すもので，その量的測度が相関係数 r である。そこでは，相関関係は因果関係ではないという点も指摘しておいた。

しかし，「ビッグデータ分析では，因果関係の分析ではなく，コンピュータで自動的に相関係数を調べればよいという考えがもてはやされている」（西垣，2016：37）のであり，「異種データ相互の相関関係を分析することが重要」なのである。ここに本質的な問題，すなわち，「相関関係さえ見つかれば良いんだ，結果がわかれば理由なんていらない」という反知性的なキャッチフレーズに対する違和感を指摘するとともに，「思考する存在」である人間にとり，因果関係をたどることはかけがえのないものであり，私たちの直感や常識に反する相関関係（正確には，高い相関係数）を安易に信じず，疑って立ち止まるべきことを指摘している。

これら，3つの論点と西垣の指摘は，ビッグデータ時代の統計分析を行うものにとっては，大切なものである。

3　2つの確率概念

確率には，ある特定のあるいは特殊な事象の起こりやすさや起こる機会 Chance と定義されるが，事象ではなく判断の確からしさという使われ方もある。つまり，事象そのものの生起にかかわる偶然的確率（確からしさ）（＝事象の確率）と，知識・判断に関する認識論的確率（確からしさ）（＝判断の確率）という2つの確率概念があり，これらは区別されるべきものである。人により，あるいは同じ人でもケースにより，これらを使い分けしているのである。

1.　頻度確率・経験的確率

事象の確率は，関心のある事象の起こる頻度が全体の試行に対し，どのくらいの割合になっているのかを計算したものである。これは，**頻度確率 Frequency**

あるいは経験的確率 Empirical probability と呼ばれる。

　1回のサイコロ投げで，1から6までの目のうち自分の関心のある目が出る確率などはこれに該当し，確率は1/6（6分の1）である。また，トランプのカード 52 枚から 1 枚引いたときそのカードがエースである確率は 4/52=1/13 などが事象の確率となる。

　また，生産工程での不良品の発生率や薬品の効果や副作用の発生率などは実際の試行 trial を繰り返すと，全体の試行回数 N に対する関心のある事象 A の回数 n_A の相対頻度（割合）n_A/N がある一定の値に近づいていく。このような場合，この一定値 n_A/N をその事象の生起確率とすることができる。

　この関係は，次のような定式化が可能である。

　ある事象 A が起こる確率を $P(A)$，全体の試行回数を N，関心のある事象の起きた回数を n_A とすると，

$$P(A) = \lim \frac{n_A}{N} \tag{7.1}$$

となる。

　頻度確率のその他の例として半導体の歩留まりがある。20 世紀の終わり頃までは，「電子立国日本」と言われた時代があったが，その主役は半導体であった。半導体は全品検査を行うが，生産歩留まり（あるいは，たんに歩留まり）という概念が使われる。歩留まりとは，加工工程で投入した原料の分量が減らずに残る割合を指すが，良品率の意味でも使われることがある。現在その歩留まりは，100％近い数値となっているが，1950 年代初めはわずか 2 ～ 3％，ときには 0.3％という時代もあった。2 ～ 3％の歩留まりは，例えば，船を 100 隻製造した時，わずか 2 ～ 3 隻しか浮かばないことを意味している。また，0.3％とは，1000 隻製造してようやく 3 隻浮かぶことを意味するのである。その低い歩留まり故，歩留まりの意味で代わりにつかわれていた「出現率」が，幽霊が出るような感じであるため，「発生率」という言葉で置き換えられたというエピソードも伝えられているのである。それは，当時の歩留まりの異常な低さ，裏返せば，半導体製造の難しさ―それは，汚れのないクリーンな環境での製造

を必要とした―をよく伝えている。

2. 主観確率

さまざまな結果の起こりやすさを相対的に評価する場合に，個人的な判断として確率を用いる場合がある。例えば，それは，予感であったり，期待であったりするが，それを数値で表現するのである。

「月曜日に電車が遅延する確率は70％である」とか，「電車に座れる確率は20％である」というような場合がこれに当たる。

この確率は**主観確率 Subjective or personal probability** と呼ばれるが，直観的な数値ではあるが，必ずしも，まったくの出鱈目というわけではない。すなわち，経験的な頻度そのものではなくても経験に基づく「推測」や「直観」なのである。したがって，主観的と言っても，根拠のない信念や予想や期待から最新の情報を用いたものまで幅があるものなのである。

4 確率の公理

しかし，事象の確率，判断の確率のいずれかを選択するときに，共通の守るべきルールがあれば，その選択が可能になる。これが公理である。

いま，ある製品の生産において良品 Goods（G）と不良品 Bads（B）の何れかが発生するとすれば，これらは**基本事象 E** と呼ばれ，基本事象の集合 S｛良品，不良品｝は，｛**標本空間 Ω**｝と呼ばれる。改めて，E_1＝良品，E_2＝不良品とすると，個々の事象 E_1, E_2 についてその生起確率は 0 と 1 の両端を含む値をとり得るから，

$$0 \leq P(E_1) \leq 1$$
$$0 \leq P(E_2) \leq 1$$

と表せる。

∪（カップ）は**和事象**（または）の意味で $E_1 \cup E_2$ は E_1 または E_2 の事象を指す。

また，∩（キャップ）は積事象（かつ）の意味で**結合事象**とも呼ばれる。$E_1 \cap E_2$ は E_1 かつ E_2 の事象を指す。

また，E_1, E_2 いずれかが必ず起きるのであるから，$\boldsymbol{P(\Omega)=1}$ となり，さらに良品 E_1 と不良品 E_2 は同時には発生しない（このことを**排反 Exclusive** という）ので，良品，不良品の発生する確率は，

$$P(E_1 \cup E_2) = P(E_1) + P(E_2)$$

と表せる（図7.1 参照）。

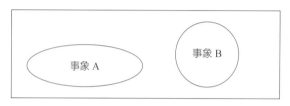

事象 A　　　事象 B

図 7.1　ベン図（排反事象の場合）

これらは，確率の公理として下欄のようにまとめることができる。

また，基本事象のない場合は**空集合** ϕ と呼ばれ，$P(\varphi)=0$ となる。

さらに，$P(E_1)$ でない事象は**余事象**と呼ばれ $\overline{E}_1$ あるいは E_1^c で表す。

このとき，

$$P(\overline{E}_1) = P(E_1^c) = 1 - P(E_1)$$

が成り立つ。

ある事象 E の起こる確率 $P(E)$ は，次の3つの公理を満たしている。

公理1　事象 E について，$0 \leq P(E) \leq 1$ が成り立つ

公理2　標本空間 Ω の確率は1である。すなわち，$P(\Omega)=1$ である。

公理3　もし，$E_1, E_2, E_3, \cdots\cdots E_{n-1}, E_n$ が，排反事象（同時に起きない事象）（$P(E_i \cap E_j)=\varphi$, for all $i \neq j$）であれば，$P(E_1 \cup E_2 \cup E_3, \cdots\cdots \cup E_{n-1} \cup E_n) = P(E_i)$　　（$i=j=1, 2, 3, \cdots\cdots, n\text{-}1, n$）

この等式は $n-\infty$ のときも成り立つ。これは，**加法定理 Additional rule** と呼ばれる。

5 加法定理

上記の公理3は，同時に起きない，互いに排反な事象についての加法定理である。排反でない事象を含む場合の加法定理は別の式になる。両者の違いは，積事象である楕円の重なりがない場合（図7.1のベン図）と重なりのある場合（図7.2のベン図）で確認できる。

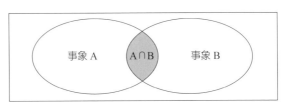

図 7.2　ベン図（排反事象でない場合）

図7.2のベン図から，排反でない場合には，積事象 $(E_1 \cap E_2)$ 部分を含むので，和事象 $(E_1 \cup E_2)$ の確率からこの積事象 $(E_1 \cap E_2)$ の確率を引くことが必要になる。

改めて，一般の加法定理をまとめると下記のようになる。

排反でない事象の場合の加法定理

$$P(E_1 \cup E_2) = P(E_1) + P(E_2) - P(E_1 \cap E_2) \tag{7.2}$$

排反でない事象の場合の加法定理は，事象が3つ以上の場合も拡張できるが，3つの事象の場合の加法定理も（7.3）式で示しておく。図7.3を参照しながら，式の意味を確認してもらいたい。

$$P(E_1 \cup E_2 \cup E_3) = P(E_1) + P(E_2) + P(E_3) - P(E_1 \cap E_2) - P(E_1 \cap E_3)$$
$$- P(E_2 \cap E_3) + P(E_1 \cap E_2 \cap E_3) \tag{7.3}$$

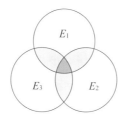

図 7.3　ベン図（排反でない 3 つの事象の場合）

6　条件付確率

2 つ以上の事象があるとき，1 つの事象が起こったことを知ったうえで，別の事象が起こる確率を計算したいことがある。2 つの事象の結果が関係しており，最初の結果が次の事象の結果に影響を与えるからである。

ある事象の結果により，次の事象の結果が変化する場合，確率の計算には，**条件付確率 Conditional probability** が使え，それは次式（7.4）で定義される。

条件付確率

A, B 2 つの事象があるとき，事象 B が生じたうえで事象 A の起こる条件付確率 $P(A|B)$ は，

$$P(A|B) = \frac{P(A \cap B)}{P(B)} \tag{7.4}$$

ここに，$0 \leq P(B) \leq 1$ である。また，$P(A \cap B) = P(B \cap A)$ である。

疫学や動態統計では，集団全体を指す全比率 overall rate に対し，**限定比率 specific rate** を用いる場合が少なくない。これは，年齢，種族，性，職業などを限定したうえで，定義した特性をもった個体の割合である。実は，この限定比率は，この条件付確率に該当する（フライス，1975：1）。

条件付確率の例として，ウイルス感染発生データを用いて説明してみよう。

等しくウイルス感染の危機にさらされた，ある母集団の成員のうち，ある割

合の人達が予防接種を受けていたと仮定する。流行期を過ぎた後，予防接種を受け，かつ感染しなかった人と，予防接種をしなくても感染しなかった人の人数が表7.1-①のようにわかったとする（エヴェリット，1980：35-36）。

　このとき，各セルの人数の割合は，総和と，行和と，列和に対して計算できる。その結果を示しているのが，表7.1-②〜④である。表7.1-⑤の各セルの

表7.1-① ウイルス感染発生度数

(単位：人)

	非感染	感染	行和
予防接種　無	130	20	150
予防接種　有	97	3	100
列和	227	23	250

表7.1-② 総和に対する相対頻度

	非感染	感染	行和
予防接種　無	**52.0%**	**8.0%**	60.0%
予防接種　有	**38.8%**	**1.2%**	40.0%
列和	90.8%	9.2%	**100.0%**

表7.1-③ 行和に対する相対頻度

	非感染	感染	行和
予防接種　無	**86.7%**	**13.3%**	**100.0%**
予防接種　有	97.0%	3.0%	**100.0%**
列和	**90.8%**	9.2%	100.0%

表7.1-④ 列和に対する相対頻度

	非感染 B	感染 $\overline{B}$	行和
予防接種　無 A	**57.3%**	**87.0%**	60.0%
予防接種　有 $\overline{A}$	42.7%	**13.0%**	40.0%
列和	**100.0%**	**100.0%**	100.0%

表7.1-⑤ 結合確率

	非感染 B	感染 $\overline{B}$	行和
予防接種　無	$A \cap B$	$A \cap \overline{B}$	A
予防接種　有	$\overline{A} \cap B$	$\overline{A} \cap \overline{B}$	$\overline{A}$
列和	B	$\overline{B}$	$A + \overline{A}\,(= B + \overline{B})$

事象は，結合確率を示している。表7.1-②から，全体（総和に対する比率）と
してみれば，予防接種を受けた人でウイルス感染をした人が1.2%と一番少な
く，次いで，予防接種を受けないで，感染をした人の比率が8.0%と低く，次
いで，予防接種を受けて非感染であった人の比率が38.8%と4割近くを占め，
予防接種を受けていないで非感染であった人の比率が52.0%と一番高くなっ
ていることがわかる。この予防接種は効果があまりないのであろうか？

そうとはいえないのである。

いま，予防接種を受けなかった人と，予防接種を受けた人のそれぞれに占め
る感染者の比率を行和に対する相対頻度で見ると，予防接種を受けなかった人
の方が13.3%，受けた人の方が3.0%となっており，予防接種を受けた人の中
に占める感染の比率は一桁になっている（表7.1-③　行和に対する相対頻度）。
この行和に対する相対頻度こそ，条件付確率の値なのである。

また，非感染者，感染者のそれぞれに占める予防接種の有無の占める比率を
比べると，非感染者の方は57.3%，42.7%と15%ポイントほど予防接種なし
の比率が高い。これに対し，感染者の中に占める両者の比率は，予防接種無し
人の比率は87.0%であるのに対し，予防接種有りの人の比率は13.0%と74%
ポイントの差が見られ（表7.1-④　列和に対する相対頻度参照），予防接種の効
果が推し測れる。この，列和に対する相対頻度も条件付確率である。

7 ┃ 乗法定理

乗法定理は条件付確率の定義式から導ける。(7.4) 式から，

$$P(A \cap B) = P(B)P(A|B) = P(A)P(B|A) \tag{7.5}$$

となる。

この式を結合事象に対する**乗法定理 multiplication rule** と呼ぶ。

この式は，事象 A と事象 B が同時に起こる確率は，B が起きる確率と B が
起きるという条件の下で A が起きる確率の積に等しくなること，あるいは，A

が起きる確率と A が起きるという条件の下で B が起きる確率の積を意味している。

左記の表7.1-②，③，④，⑤でいえば，

$$P(A \cap B) = P(A)P(B|A) = 0.60 \times 0.867 = 0.520$$
$$= P(B)P(A|B) = 0.908 \times 0.573 = 0.520$$

ということになる。

8 統計的独立

乗法定理は条件 B（あるいは A）が，結果 A（あるいは B）に影響を与える場合に意味をもった。すなわち，$P(A|B) \neq P(A)$ あるいは，$P(B|A) \neq P(B)$ のときに意味をもった。

だが，お互いに影響を与えなければ，A, B は独立であるということになる。そこで，$P(A|B) = P(A)$ あるいは，$P(B|A) = P(B)$ のとき，2 つの事象 A, B は統計的に独立 **Statistical independence** であるという。

このとき，$P(A \cap B) = P(B)P(A) = P(A)P(B)$ となることもわかる。

9 ベイズの定理

トーマス・ベイズ（**Thomas Bayes**, 1701–1761）は，ルネサンス期の確率概念の出現史における「徴候」から「証拠」への概念の変化からさらに進み，「論証」によって獲得された**属性としての確からしさ**を，「自然に関する徴候＝頻度」という「証拠による確からしさ＝知識の確率」に変化させた。また，1660 年までに**内在的価値**という概念が確立し，因果性に関してはその対象領域が「知識」から「判断」へと転移した。「判断」が低次科学の主要部分をなし，「知識」が高次科学の目標となっていたこれまでの状況から，知識の潜在的領域のかなりの部分が判断の領域の一部となり，低次科学と高次科学の区別がなくなり，

判断と知識の差異が程度の問題となっていたのが，17世紀であった。そのことは，確率の出現の前提条件である**帰納への懐疑的問題**が出現したことを意味する。こうした17世紀を終えて18世紀に入って生まれたベイズは，帰納的問題，頻度説的立場から距離を置いて，認識上の確からしさの量，すなわち，信念や仮説等の強さとして確率を解釈したのである。

　私たちは，日常の生活や仕事の場で，目の前で起きたり，海外で伝えられている出来事の原因―飛行機事故の原因，欠陥商品の欠陥の原因，病院での院内感染の原因，同じ会社の同僚が会社を辞めてしまった原因など―を知りたいことがある。

　直近では，2019年末から中国武漢で蔓延し，日本では2020年1月6日に神奈川県で最初に感染者が発見されたCOVID-19（新型コロナウイルス感染症）については，新たに発見されたウイルス，SARS-CoV2に感染することによって発症することはわかってきているが，SARS-CoV2の発生経路については未確認である。結果を生み出すには必ず原因（単独か複数かは別にしても）がある。このような原因について知りたいと思うのは，自然なことである。

　また，欠陥商品が生まれるには，部品の製造段階，組立工程，輸送段階や卸売，小売店での扱い方，そして消費者の使用方法など多くの場面での原因の考察が必要となる。一般に製造品であれば，メーカーの材料や仕入れ先の情報，物流段階の運送管理や流通段階での商品管理情報等があり，欠陥品の原因を特定することはかなり可能性が高いと思われる。しかし，無形財であるサービスの場合，その特定は，難しい場合もある。

　いずれにしても，ある事象Aが起きたときに，その原因やメーカーが複数考えられる場合に，それぞれの原因や特定のメーカー製である確率を求めたり，また，ある病気の症状が認められた場合に，本当にその人が病気である確率を考えたいときがある。このような場合に下記に示す**ベイズの定理 Bayes' theorem** が利用可能である。

10 原因の確率（事後確率）

いま，例題を一つ考えてみよう。離職や退職理由についての問題である。

表7.2 は日本の 2006 年以降の離職理由別離職者数の構成比を 2018 年まで表し，また，**図7.4** はその推移を図で示している。ここには，離職理由として，契約期間の満了，事業所側の理由（「経営上の都合」「出向」および「出向元への復帰」，定年，本人の責による理由，個人的理由（「結婚」「出産・育児」「介護・看護」），死亡・疾病）が挙げられているが，この間も件数が多く，また，構成比も高いのは個人的理由であり，2018 年は 71.6 ％と 7 割ほどを占めている。次いで，多いのは，契約期間の満了で 15.6 ％，全体の 6 分の 1 ほどを占めている。事業所側の理由は 6.6 ％と小さい数値になってはいるが，経済環境によって数値

表7.2　離職理由別離職者数の構成比の推移（%）

(年)

区　分		2006	2007	2008	2009	2010	2011	2012	2013	2014	2015	2016	2017	2018
	合計	100.0%	100.0%	100.0%	100.0%	100.0%	100.0%	100.0%	100.0%	100.0%	100.0%	100.0%	100.0%	100.0%
	契約期間の満了	12.3%	10.2%	10.7%	14.6%	14.5%	15.0%	15.6%	14.4%	14.8%	13.7%	13.9%	13.2%	15.6%
	事業所側の理由	7.3%	7.4%	8.2%	12.1%	9.5%	8.1%	7.0%	7.2%	7.2%	7.1%	7.4%	5.7%	6.6%
	経営上の都合[4]	5.1%	5.3%	5.5%	10.1%	7.2%	5.1%	4.0%	3.7%	3.5%	2.9%	2.7%	2.0%	2.1%
	出向	1.2%	1.2%	1.2%	1.3%	1.4%	1.6%	1.8%	2.3%	2.6%	2.8%	3.2%	2.4%	2.9%
	出向元への復帰	1.0%	0.8%	1.5%	0.7%	1.0%	1.4%	1.2%	1.2%	1.1%	1.3%	1.5%	1.3%	1.6%
計	定年	4.4%	4.5%	4.8%	5.3%	4.4%	5.2%	5.3%	4.5%	4.2%	4.2%	4.3%	4.3%	3.9%
	本人の責による	1.8%	1.7%	1.0%	1.5%	1.3%	1.8%	0.9%	2.5%	1.1%	0.8%	0.7%	0.5%	0.3%
	個人的理由	72.4%	74.3%	73.4%	64.8%	68.3%	67.9%	69.5%	69.4%	69.8%	72.6%	71.6%	74.5%	71.6%
	結婚	2.3%	2.1%	2.0%	1.9%	2.0%	1.8%	1.8%	2.2%	1.5%	1.5%	1.7%	1.5%	1.7%
	出産・育児	2.3%	2.0%	2.1%	1.7%	2.1%	2.0%	1.7%	1.7%	1.4%	1.6%	1.3%	1.6%	1.3%
	介護・看護	0.7%	0.7%	0.7%	0.6%	0.8%	0.9%	1.0%	1.3%	1.2%	1.3%	1.2%	1.3%	1.4%
	死亡，傷病	1.7%	1.8%	1.8%	1.7%	2.0%	2.0%	1.7%	1.9%	2.8%	1.7%	2.1%	1.8%	1.9%

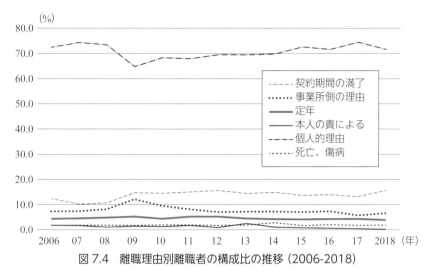

図7.4　離職理由別離職者の構成比の推移（2006-2018）

は大きく変動している。例えば，リーマンショックの影響のあった2006年は12.1％となっていた。定年も2009年と2012年の5.3％を天井に，その後，低下を続け，2018年度は3.9％と4％を切っている。

このように，離職理由としては，個人的理由が圧倒的に多いのであるが，その内訳で示されている，「結婚」「出産・育児」「介護・看護」の合計は2018年でも4.4％に過ぎず，本当の個人的理由を推し量るには量的には不十分なものである。そこで，別のデータを見てみることにしよう。

〈リクナビNext「転職理由と退職理由の本音ランキングBest10」〉

リクナビNextは，「転職理由と退職理由の本音ランキングBest10」を発表している。

1位：上司・経営者の仕事の仕方が気に入らなかった（23％）

2位：労働時間・環境が不満だった（14％）

3位：同僚・先輩・後輩とうまくいかなかった（13％）

4位：給与が低かった（12％）

5位：仕事内容が面白くなかった（9％）

6 位：社長がワンマンだった（7%）

7 位：社風が合わなかった（6%）

7 位：会社の経営方針・経営状況が変化した（6%）

7 位：キャリアアップしたかった（6%）

10 位：昇進・評価が不満だった（4%）

（調査方法：インターネットでのアンケート調査，実施期間：2007/4/26〜5/17，調査対象：転職活動経験者（有効回答数 100 件）https://next.rikunabi.com/tenshokuknowhow/archives/4982/（2020 年 9 月 20 日最終閲覧））

　離職理由の 7 割を占める個人的理由については，政府統計では「結婚」「出産・育児」「介護・看護」以外はほとんどわからなかったが，これを見ると，より具体的にわかる。

　ここで，同調査による，離職の個人的理由の「本音」をランキング上位 5 つに限定し，ある会社で会社について 5 つの不満をもっている人の割合を，全体で 100%となるように表 7.3 のように数値を設定する。

表 7.3　離転職の個人的理由の「本音」ランキング上位 5 位

1 位：A　上司・経営者の仕事の仕方が気に入らなかった	31%
2 位：B　労働時間・環境が不満だった	20%
3 位：C　同僚・先輩・後輩とうまくいかなかった	19%
4 位：D　給与が低かった	17%
5 位：E　仕事内容が面白くなかった	13%
合計	100%

　理由の割合を $P(R_i)$，それぞれの理由の場合の離職率（全体を 100%とするための架空のデータ！）を $P(F|R_i)$ とすると，条件付確率の定義式からそれぞれの理由と離職する事象 F の結合確率 $P(F \cap R_i)$ が計算できる。

　これにより，ある人が離転職した（F）ということがわかっているとき，その理由が A, B, C, D, E である確率，すなわち，原因の確率が次式で計算できる。

$$P(R_i|F) = \frac{P(F \cap R_i)}{\sum P(F \cap R_i)} \tag{7.7}$$

結果は，表7.4 の通りである。

表7.4　原因の確率（事後確率）

R 理由事象	$P(R_i)$ 理由の割合	$P(F|R_i)$	$P(F \cap R_i)$	$P(R_i|F)$
A	0.31	0.150	0.047	0.219
B	0.20	0.200	0.040	0.186
C	0.19	0.350	0.067	0.312
D	0.17	0.250	0.043	0.200
E	0.13	0.150	0.020	0.091
計	1.00		0.215	1.000

　ここから，最も高い原因の確率（事後確率）は31.2％の理由 C，すなわち，「同僚・先輩・後輩とうまくいかなかった」で，次いで大きいのが，理由 A の「上司・経営者の仕事の仕方が気に入らなかった」の21.9％で，これら2つの理由はコミュニケーション上の問題を内容とするものである。また，3番目に高い原因の確率は理由 D「給与が低かった」の20.0％となり，待遇面の理由となっている。また，それより若干低い18.6％の4番目が理由 B の「労働時間・環境が不満だった」となっている。原因の確率と本音ランキングの順位とが必ずしも一致しないことに注目されたい。

　ビッグデータの時代には，各企業のもつ人事データを可能な限り活用して，配置や異動，業績評価などに使うケースも増えている。社内でこの仕事をする人がいない場合には外部企業に委託して，分析を依頼するケースも増えている。いわゆる AI による人事評価である。

　重要な点は，この例からもわかるように，ベイズの原因の確率（事後確率）は，手元にある情報をできるだけ使って，結果から原因を推計しようというものである。

　こうした考えの延長線上に，記録したデータからデータ全体の分布の形を考え，ある事象の起こる確率をその近似した分布から推計するという発想も生まれ，データアナリスト的なアプローチが重要視されているのである。

11 | 結合確率の応用

結合確率は，分割表によるクロス集計の意味合いをもつ。さて，バイクに乗るとき，バイクと同じ色のヘルメットでバイクに乗る人はどれくらいいるであろうか？バイクに乗る人も，自動車と同じように好みの色があるはずである。そして，バイクの場合，ヘルメットは必着であり，ヘルメットの好みの色もさまざまなはずである。ヘルメットの色とバイクの色の組み合わせもドライバーによりさまざまで，色を合わせることも自然なように思える。

ヨーロッパでは黒色が高貴な色で好まれるということであるが，日本の場合は，必ずしも同じではない。そこで，ヘルメットの色とバイクの色を同じ黒で選ぶ人がどのくらいいるのかを，バイクをHONDAリードに特定化してその構成比を推計してみよう。

特定化したHONDAリード100というバイクは2002年1月から販売が開始されたが，その色はグレイメタリック，シルバーメタリックと黒の3色であった。しかし，この3色のうち黒バイクの人気は低く，リード総数8,898台のうち，黒バイクは2,350台で26.4%と全体の4分の1にとどまった。4分の3は黒以外のグレイメタリック，シルバーメタリックであった。黒のHONDAリード100の不人気は続き，2003年9月で黒のリード100の生産は停止された。

また，ヘルメットの方はどうであろうか？　ヘルメットの場合，全体としてみると国産メーカーはSHOEIとARAIの2社でそれぞれシェアは64.2%と17.5%となっており，両社で国内シェアの81.7%を占めている。残りの18.3%が輸入である。それでは，ヘルメットの色についてはどうであろうか？　実はヘルメットの黒色も人気は高くないのである。ヘルメットは顔を隠さないタイプと隠すタイプのFF（Full Face）型があるが，全体としてみた場合，売り上げに占める黒ヘルメットの割合は，SHOEIの場合，22.1%程（2001年3月から2003年11月まで）で，5分の1強，また，ARAIの場合も17.5%から15%くらいとさらに低くなっている。

表 7.5　黒バイクと黒ヘルの結合確率 (HONDA リード 100 × SHOEI・ARAI 等)

（単位：%）

		HONDA リード 100		行和
		黒色	その他の色	
ヘルメット	SHOEI　黒	**3.7**	10.4	**14.1**
	その他の色	13.3	36.8	50.1
	SHOEI 計	**17.0**	**47.2**	**64.2**
	ARAI	**4.6**	**12.9**	**17.5**
	輸入	**4.8**	**13.5**	**18.3**
列和	黒色	**26.4**	**73.6**	**100.0**

（出所）S 区警察署資料より筆者作成

表 7.6　都内への出荷台数を総和としたときの黒バイクと黒ヘルの組み合わせのケース数 (HONDA リード 100 と SHOEI・ARAI・輸入 FF 型のクロス表)

（単位：件）

		HONDA リード 100		行和
		黒色	その他の色	
ヘルメット	SHOEI　黒	**329**	925	**1,254**
	その他の色	1,184	3,275	4,459
	SHOEI 計	**1,513**	**4,200**	**5,713**
	ARAI	**409**	**1,148**	**1,557**
	輸入	**427**	**1,201**	**1,628**
列和	黒色	**2,349**	**6,549**	**8,898**

（出所）S 区警察署資料より筆者作成

　さらに，FF（Full Face）型に限定し，SHOEI の黒を 14.1%，ARAI の黒を 17.5%，輸入の黒を 18.3% とし，HONDA リード 100 の黒色とクロスさせて構成比を推計したのが**表 7.5** である。この場合，HONDA リード 100 の黒色と SHOEI の黒を同時に満たす確率は 3.7%，ARAI の黒との同時確率は 4.6%，輸入の黒との同時確率は 4.8% となる。

　表 7.5 の結果を基に，HONDA リード 100 の都内の出荷台数 8,898 台を総数として，組み合わせのケース数を計算したものが**表 7.6** である。

　これを見ると，都内の HONDA リード 100 と FF 型の黒ヘルの組み合わせのケース数は，都内全体では 2,349 ケースであるが，SHOEI の RFD Ⅱ（品番名）

のFF型の黒ヘルの場合が329件，ARAIとの組み合わせのケースが409件，輸入の黒との組み合わせのケースが427件となった。

　この数をどう見るかであるが，SHOEI RFDⅡFF型の黒ヘルの場合の329件を東京23区で割ってみると，1区につき14.3件となり，非常にわずかだということがわかる。実は，この数値はある年の都内X区の連続コンビニ強盗の黒ヘルと黒バイクの組み合わせがいかに少ないかを示すために割り出したものである。

　このように，収集あるいは記録されたデータを利用して，結合確率を推計し，ある特定の事象の起こる確率を計算したり，次章で取り扱うように特定の確率分布を用いて近似的に関心のある事象についての因果関係等を豊富なデータで迅速に推計可能になってきているのが，ビッグデータ時代の一つの特徴なのである。

【注】

1 ）The Emergence of Probability: A Philosophical Study of Early Ideas about Probability, Induction and Statistical Inference, Cambridge University Press, 1975, 2nd ed., 2006. については，1986年に藤江昌嗣「確率前史研究序説 -Ian Hacking『確率の出現』をめぐって」『思想と文化』（所収）を著しているが，本節は，これをベースに加筆修正したものである。

　　　『確率の出現』の構成は，19章からなり，各省のタイトルは，1章 観念不在の時代，2章 二重性，3章 判断，4章 証拠，5章 徴候，6章 最初の計算，7章 ローネッツ・サークル，8章 偉大な決定，9章 思考の技術，10章 確率と法，11章 期待，12章 政治算術，13章 年金，14章 等可能性，15章 帰納論理，16章 推測術，17章 最初の極限定理，18章 秩序，19章 帰納。
　　　なお，原書は，2013年に広田すみれ・森本良太の訳で慶應義塾大学出版会より刊行された。

2 ）Darrell Huff は，1954年の刊行から100版を重ねている名著，How to Lie with Statistics の著者である。邦訳も，ダレル・ハフ，高木秀玄訳『統計でウソをつく法』（講談社，1968年）があり，原書同様2018年12月5日に100刷を重ねた。

3 ）ここでは，中世を12世紀から17世紀に時期とする。

4 ）この点については，後述するベイズの定理の節でのトーマス・ベイズ（Thomas Bayes）の確率論─頻度説的確率論から距離を置いた─の説明を参照されたい。

第 8 章
確率分布
―― 一様分布，ベルヌーイ分布，二項分布，
ポアソン分布，超幾何分布，正規分布

　ある事象にかかわる対象全体（全数）について，調査や観察，オンライン集
計などにより収集したデータの分析を通じてその全体的な傾向・特性を把握す
ることが可能になる。この全体的な傾向や特性は，偶然的な因果を貫く統計的
傾向や動き，規則性として把握されているのである。

　統計学と確率論が結びつくのは統計的推論の場である。統計的推論（第 9 章
にて詳述）は，**母集団 population**（ある特性についての数値の集まり全体）を対象
にできない場合，ランダムに抽出された**標本（サンプル）sample** について得ら
れた結果（標本特性値）から母集団特性値（母数）を推測していくという確率的
判断の手順である。

　ビッグデータの時代は，オンラインでの記録や集計により母集団の値全体が
把握できるという意味で**悉皆調査 census** とみなすこともできる（これまでも，
税務などにおける業務記録は存在していたが，「第二義統計」として全数調査（セン
サス調査）とは区別されていた）。

　このオンラインで収集・集計されたデータがどのような分布となるのかは未
知数であるが，すでにみた西垣が主張するように，ノイズとして無視されるよ
うな扱いを受けたり，欠損値が存在したりするという問題点はあるものの，形
式的には悉皆調査と同様の見方が可能となる。

　エクセルや SPSS を用いて，度数分布表を作成したり，さまざまなグラフを
作り，分布の特徴をその軸（代表値）や散布度（標準偏差等）で見つけることが

可能になる。

したがって，さまざまな分布とその読み方，とりわけ各分布の統計量や統計値，確率の読み取り方を知っておくことは大変重要である。

そこで，本章では，代表的な分布について紹介していく。

1 確率変数と確率分布

第1章でみたように，度数分布表を作成すると各クラスとそのクラスに入るデータの度数（頻度）により分布の形状がわかる。

表8.1は，表1.3の都道府県別作況指数（1993年）の度数分布表を用いて全体の度数47を1.00として各クラスに含まれる度数の比率を確率として表現し直したものである。この確率は，47の都道府県の中から1つをランダム（無作為）に選んだ時に，そのデータが各クラスに含まれる確率を示している。

このように，さまざまな**変数 Variable** x があり，その変数が出現する確率を示したものを**確率変数 Random variable** という。したがって，表8.1は**確率分布表**と呼ばれる。

表8.1　都道府県別の作況指数（1993年度）

作況指数	35	45	65	85	95	105	計
都道府県数	1	3	1	11	30	1	47
確率	**0.021**	**0.064**	**0.021**	**0.234**	**0.639**	**0.021**	**1.000**

一般に，確率変数 X の平均値を**期待値 Expected value** と呼び，$E(X)$ で表す。いま，確率変数 X が，$x_1, x_2, x_3, \cdots\cdots, x_{n-1}, x_n$ という値をとる確率を $p_1, p_2, p_3, \cdots\cdots, p_{n-1}, p_n$ とするとき，X の期待値 $E(X)$ は，

$$E(X) = \bar{x} = x_1 p_1 + x_2 p_2 + x_3 p_3 + \cdots\cdots + x_i p_i$$
$$= \sum_{i=1}^{n} x_i p_i \tag{8.1}$$

また，確率変数 X の分散は $V(X)$ または σ^2 で表され，

$$V(X) = \sigma^2 = (x_1 - \bar{x})^2 p_1 + (x_2 - \bar{x})^2 p_2 + (x_3 - \bar{x})^2 p_3 + \cdots\cdots + (x_n - \bar{x})^2 p_n$$

$$= \sum_{i=1}^{n} \{x - E(x)\}^2 p_i \qquad (8.2)$$

となる。例えば表 8.1 の場合，期待値と分散は，

$$E(X) = \bar{x} = 35 \times 0.021 + 45 \times 0.064 + 65 \times 0.021 + 85 \times 0.234$$

$$+ 95 \times 0.639 + 105 \times 0.021$$

$$= 87.78 \fallingdotseq 87.8$$

$$V(X) = \sigma^2 = (35 - 87.8)^2 \times 0.021 + (45 - 87.8)^2 \times 0.064$$

$$+ (65 - 87.8)^2 \times 0.021 + (85 - 87.8)^2 \times 0.234$$

$$+ (95 - 87.8)^2 \times 0.639 + (105 - 87.8)^2 \times 0.021$$

$$= 227.872$$

$$\sigma = \sqrt{227.872} \fallingdotseq 15.1$$

となる。

また，確率変数 X が有限数をとるか，異なる点からなる加算可能な数である場合には，**離散型確率変数 Discrete distribution** と呼ばれ，実数値である場合には，**連続型確率変数**と呼ばれ，クラスの幅を限りなく小さくすると度数分布のグラフは一般に曲線となり，**連続型分布 Continuous distribution** と呼ばれる。

いま，この連続型分布を示す曲線の式を $y = f(x)$ で表したとき，この曲線の式 **$f(x)$ を確率密度関数**という。確率密度関数のグラフでは，区間 a, b の間の面積 S が，確率変数 x が a から b までの値をとる確率を示している。

すなわち，

$$P(a \leq x \leq b) = \int_a^b f(x)\,dx$$

である。

また，連続型確率変数の期待値 $E(X)$ と分散 $V(X)$ は，

$$E(X) = \mu = \int_a^b x f(x)\,dx \qquad (8.3)$$

$$V(X) = \int_a^b (x - \mu)^2 f(x)\,dx$$

$$-\int_a^b x^2 f(x)\,dx - \mu^2 \tag{8.4}$$

と表せる。

また，確率変数が特定の値以下になる確率を表す関数を**分布関数 $F(X)$** という。

$$F(X) = P(X \le x) \qquad (-\infty < x < +\infty) \tag{8.5}$$

2 期待値と分散に関する定理

離散型分布の場合と連続分布の場合に共通して用いることができる期待値と分散に関する定理があるので，以下に示しておく。

期待値と分散に関する定理

(1)　c が定数の場合，$E(c) = c$

(2)　確率変数 X の期待値が $E(X)$ のとき，$E(aX \pm b) = aE(X) \pm b$

(3)　確率変数 X，Y が独立であるとき，

$$E(X \pm Y) = E(X) \pm E(Y), \quad E(XY) = E(X)E(Y)$$

(4)　確率変数 X の関数 $u(X)$ と $v(X)$ があるとき，

$$E[u(X) \pm v(X)] = E[u(X)] \pm E[v(X)]$$

(5)　$E(a_1 X_1 \pm a_2 X_2 \pm \cdots \pm a_n X_n) = a_1 E(X_1) \pm a_2 E(X_2) \pm \cdots \pm a_n E(X_n)$

(6)　X_1，X_2，$\cdots\cdots$，X_n が独立のとき

$$E(X_1 X_2 \cdots\cdots X_n) = E(X_1)E(X_2)\cdots\cdots E(X_n)$$

(7)　確率変数 X_1，X_2，$\cdots\cdots$，X_n が期待値 μ の同じ分布に従うとき，平均の期待値は各確率平均変数の期待値の平均となる。

$$E[(X_1 + X_2 \cdots\cdots + X_n)/n] = (E(X_1) + E(X_2) + \cdots\cdots E(X_n))/n$$
$$= n\mu/n$$
$$= \mu$$

(8)　確率変数 X の分散を $V(X)$ とすると，$V(X) = E(X^2) - E(X)^2$

---

(9) $V(aX \pm b) = a^2 V(X)$ となり，b とは無関係になる。

(10) 確率変数 X, Y が独立であるとき，

$$V(X \pm Y) = V(X) + V(Y)$$

(11) 確率変数 X_1, X_2, ……, X_n が独立のとき，

$$V(a_1 X_1 \pm a_2 X_2 \pm \cdots\cdots \pm a_n X_n) = a_1{}^2 V(X_1) + a_2{}^2 V(X_2) + a_n{}^2 V(X_n)$$

(12) 確率変数 X_1, X_2, ……, X_n が分散 σ^2 の同じ分布に従うとき，平均の分散は各確率変数の分散の和の $1/n^2$ となる。すなわち，

$$V\left[(X_1 \pm X_2 \cdots\cdots \pm X_n)/n\right] = (V(X_1) + V(X_2) + \cdots\cdots V(X_n))/n^2$$
$$= n\sigma^2/n^2$$
$$= \sigma^2/n$$

3 一様分布

一様分布 **Uniform distribution** は，異なる値の n 個の変数が，その値をとる確率が等しい場合の分布である。

いま，ある鉄道路線の 2 駅間の距離 (km) が少数点以下第 1 位まで表示されているとする。このとき，小数点以下第 1 位の値が 0 から 9 までになる確率が等しければ，その確率は 10 分の 1 で等しくなる。

また，累積確率のグラフは，右上がりの傾きの直線となっている（図 8.1 参照）。

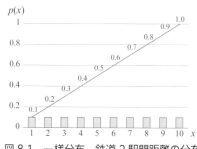

図 8.1　一様分布—鉄道 2 駅間距離の分布

4 ベルヌーイ分布と二項分布

互いに排反な 2 つの可能な結果しかもたない事象を考えてみよう。コイン

投げの ｜表，裏｜，サイコロ投げの ｜奇数の目，偶数の目｜，ある病気の ｜有，無｜，ある政党の ｜支持，不支持｜，ある政策の ｜賛，否｜ など，2つの結果しかない事象は日常生活ではまれとはいえず，むしろ沢山ある。

このような2通りの結果しかない事象の分布にはベルヌーイ分布と二項分布がある。以下ではこの順番で説明を行う。

1. ベルヌーイ分布

このような2通りの結果しかない事象について1回のみ試行する場合，この試行は**ベルヌーイ試行**と呼ばれ，確率変数 X は**ベルヌーイ分布**に従う。互いに排反な2つの可能な結果について，確率変数 X が ｜0，1｜ をとり，また，0をとる確率を p とすると，ベルヌーイ分布は次式のようにあらわせる。

$$P(X=x) = p^x q^{1-x} \quad (x=0, 1) \tag{8.6}$$

また，ベルヌーイ分布を表形式で示したものが**表8.2**である。

表8.2 ベルヌーイ分布

x	0	1
$P(X=x)$	$q \, (=1-p)$	p

2. 二項分布

2つの結果しかもたないベルヌーイ試行を n 回繰り返すと確率変数 x は**二項分布 Binominal distribution, $B(n, p)$** に従う。

二項分布 $B(n, p)$ の期待値と分散はそれぞれ，以下となる。

$$E(X) = \mu = np,$$
$$分散\ V(X) = \sigma^2 = npq$$

ただ，この場合，次の4つの条件を満たすことが必要となる。

① 1回の試行は2通りの結果しかなく，それぞれが起こる確率は p，$q (=1-p)$ で，$p+q=1$ である。

② p, q の値はどの試行においても一定であること。

③ それぞれの試行の結果は独立であること。

④ 試行回数 n は一定であること。

　一般に，n 回の試行中，事象 S $(X=1)$ が x 回起こる場合の数は nCx だから二項分布は次のように表せる。

$$P(X=x) = {}_nC_x \, p^x q^{n-x} \qquad (x = 0, 1, 2, \cdots\cdots, n) \qquad (8.7)$$

　ここに，${}_nC_x = \dfrac{n!}{(n-x)! \, x!}$ である。

ここで，例えば，$n=10$，$p=0.5$ の場合，二項分布は図 8.2 のようになる。

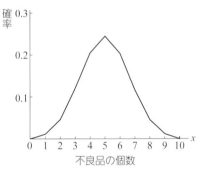

図 8.2　二項分布　$x \sim B(10, 0.5)$

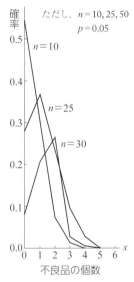

図 8.3　二項分布　$B(n, p)$

　しかし，不良品の発生率が 5%，すなわち，$p=0.05$ で，ロットから異なるサンプルをとった場合—例えば，$n=10$，25，50 個のサンプルを抜きとって検査するとき，不良品の発生率の確率分布は図 8.3 のようになる。

　サンプルの小さい $n=10$ のときは，右下がりの曲線になり，n が増えていくにつれ，最頻値が明確になるとともに，右に裾野を広げていっていることがわかる。

5 | ポアソン分布

　事象そのものは二項分布に従うものではないが，その事象の発生する時間や空間・面積を非常に細かく切っていくと，単位時間当たりや単位面積当たりにその事象が発生するかしないかという二者択一になるような n 個の単位時間・単位面積を設定できる。このように全体を n 個の単位に区分できるベルヌーイ試行的状況の場合には，二項分布が使えることはすでにみた。

　二項分布 $B(n, P)$ の期待値 $E(X) = \mu = np$ であるから，p を十分小さい値であると仮定して，$np = \lambda$ とすると，$p = \lambda/n$ となる。これを (8.7) 式に代入すると，

$$P(X = x) = {}_nC_x (\lambda/n)^x (1 - \lambda/n)^{n-x}$$

ここで，証明は省略するが，

$$\lim_{n \to \infty} {}_nC_x (\lambda/n)^x (1 - \lambda/n)^{n-x} = \frac{\lambda^x}{x!} e^{-\lambda}$$

となるので，結局，

$$P(X = x) = \frac{\lambda^x}{x!} e^{-\lambda} \tag{8.8}$$

となり，この分布は 1838 年に発見されたが，発見者ポアソン (**Siméon Denis Poisson**, 1781-1840) の名にちなみ**ポアソン分布 Poisson distribution** という。

　ポアソン分布の期待値 $E(X) = \mu = \lambda$ で，分散は $V(X) = \sigma^2 = \lambda$ である。

　ポアソン分布を適用には，次の3つの条件を満たすことが必要となる。

① 事象は同時に2回以上起きないこと

② 各事象が独立であること

③ 与えられた単位時間または単位空間での事象の平均生起数は一定であること

　ポアソン分布は二項分布の極限の近似値の計算やパラメータ（母数）が λ のみであることから，単位当たりに起こる事象の確率 p や試行回数 n が未知であっ

ても事象の平均値λがわかれば（あるいは，推測できれば）利用可能である。

　例えば，電話の呼び出し，自動車やコピー機などの事務用機器などの故障確率，希釈溶液内の特殊な細胞数や土壌中の細菌数，また，放射性物質の単位時間当たりの崩壊粒子数を求めたりする場合，さらには単位時間当たり1年間に特定の原因で死亡する人の数などの分布を考える際に利用可能となる。また，ポアソン分布の累積分布は図8.5の形状となる。

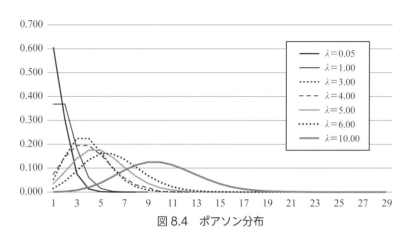

図 8.4　ポアソン分布

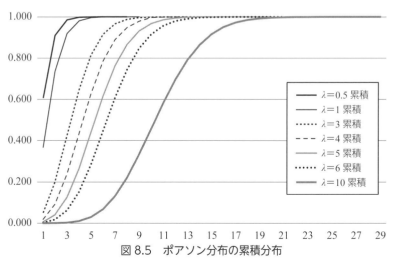

図 8.5　ポアソン分布の累積分布

興味深い一例として，土壌生物学者，東北大学名誉教授，服部勉（1987）の細菌集団（コロニー）の出現時間についての研究を紹介しよう。ポアソン分布を用いて分析されていて，統計学的にとても面白い逸話である。

　服部（1987）は，土に住む微生物を細菌，糸状菌，原生動物，藻類，ウイルスの5つに分類したうえで，微生物には，原生動物のように動物的なもの，糸状菌や藻類のように植物的なもの，そして細菌やウイルスのように，動物，植物の区別に入らないものの三群があり，細菌から原生動物や糸状菌，藻類が生まれ，さらに各種の動物や植物が進化したと想像されているとする。細菌はその数が多く，また，多種多様な物質を化学的に変化させていることもあり注目されてきた。ウイルスは0.2ミクロン以下という最も小さな生物で，しかも常に特定生物に寄生して増殖するため，土の中にどの程度生存しているかを知るのは，極めて困難とされている（服部，1987：6）。

　土壌生物学者服部を悩ませたのは，この細菌数の測定問題であった。細菌の数の測定には顕微鏡法と平板法があるが，服部は，平板法の延長線上に，独自の測定法を編み出した（細菌の分布を見るという点で，統計的に重要となるのがこの平板法的測定である！）。土の微小な部位に，いろいろな濃度の栄養物を与えた時，細菌がどのような増殖をするのかを調べるために，微小部位に栄養物を与える方法として，ガラス管を加熱して引きのばし，ごく細いキャピタリー（毛細管）を作り，この中に栄養溶液を入れ，土の中に押し込む方法を着想したのである。キャピタリー先端部位にいる細菌に栄養物がわたり，その付近の細菌数を測定することで，この微小部位での増殖程度がわかるという仕組みである。この測定法を用いての実験の結果，肉眼でもみえる微生物子孫の集合体であるコロニー（細菌集団）が，通常の実験室では，12時間とか24時間での培養時間ですべてのコロニーが現れるのに，土の中では1週間，2週間でも十分な培養時間ではなく，1カ月でも十分とはいえないことがわかったという（服部，1987：167-175）。

　そこで，服部は「平板上での細菌の増殖開始も，同時ではなく確率的に起こる。したがって，コロニー出現も増殖開始確率を反映して，同じように確率的

に起こるに違いない」という仮説を立て
たのである。このアイデアは，数学者渡
利千波のアドバイスによるものであっ
た。渡利は，「土の中の細菌はどれも増
殖する確率が小さい」と仮定し，ポアソ
ン分布を用いて分析することを勧めたの
である（服部，1987：174）。

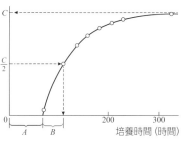

**図8.6 低栄養細菌アグロモナスの
コロニー出現曲線**
○印は実測値，実線は理論曲線を示す。A: 遅
滞時間，B：半増期，C：最終コロニー数。
（出所）服部（1987: 176）

　服部は，この仮説を用いて，期待され
るコロニー出現曲線を理論的に求め，純
粋に培養したいくつかの細菌を平板上で
培養してコロニーをつくらせた。その経過を示したものが，図8.6である。
この曲線は，遅滞時間（「コロニーが出現し始める時間」であるが，曲線が原点の
時間ではなく，この時間から遅れて始まるという意味での呼称），「半増期」（出現開
始から半数のコロニーが出現するまでの時間），「最終コロニー数」（正確にはその
期待値）の3つの定数によって決まることを発見した。
　このコロニー出現曲線はポアソン分布によって論じられたのである。事象の
確率の興味深い例である。

6 超幾何分布

　全体でN個あるボールは，2つの色，赤と白のいずれかであり，Aグループ
は赤で，Bグループは白である。また，Aはm個，Bは$(N-m)$個ある。
　いま，n個のボールを取り出すが，Aグループからx個，Bグループから$(n-x)$個，非復元抽出（取り出したボールは，元に戻さない）で取り出す。
　このとき，n個中の赤の個数xの分布は，

$$P(X=x)=\frac{{}_mC_x \times {}_{N-m}C_{n-x}}{{}_NC_n} \qquad (x=0,1,2,\cdots\cdots,n-1,n) \qquad (8.9)$$

となり，この分布は**超幾何分布 Hypergeometric distribution**と呼ばれる。

1985 年 8 月 12 日に起きた日航 123 便（ボーイング 747SR-100 型機）の「御巣鷹山墜落事故」は 520 名の尊い犠牲者を出す大事故であったが，墜落の真因は未だ明確なものになっていない（第 1 章も参照されたい）。

第二次世界大戦後の交通機関としての民間航空の飛躍的発展（定時出発率の向上など）の背景には，機体製作技術の発展と整備技術の進歩があったといわれている。しかしながら，B747 の導入以降の整備方式は「サンプリング・プラン」と呼ばれるもので，それは，整備の方式を，部品ごとにメーカー側で一元的に管理（信頼性整備）するが，それでカバーし切れない全体的な整備は 20％（5 機に 1 機の割合）のサンプリング検査で補うというものである。

そこで今，全体で B747 を 50 機保有している航空会社があり，この航空会社がその 20％のサンプリング検査を行っているとしよう。

問題は，これら 50 機のうち重要機体部分に欠陥をもつ欠陥機が一定数含まれているときに，この「サンプリング・プラン」整備方式で欠陥機が 1 機も発見されずに 50 機すべてが「合格」とされ，就航してしまう場合であり，この方式ではその確率がどのくらいあるかということである。

実は，この確率は，超幾何分布を用いて計算することができる。

いま，保有機 $N = 50$ で，その 20％がサンプル調査されるので $n = 10$ である。いま，欠陥機 d が 3 機あるとすると $d = 3$ となる。

この「サンプリング・プラン」整備方式で欠陥機が 1 機も発見されずに 50 機すべてが「合格」と見なされ，就航してしまう確率 P は，(8.9) 式より，

$$
\begin{aligned}
P(X=0|d=3) &= 1 - \sum_{x=1}^{3} \frac{{}_d C_x \times {}_{N-d} C_{n-x}}{{}_N C_n} \\
&= 1 - \left\{ \frac{{}_3 C_1 \times {}_{47} C_9}{{}_{50} C_{10}} + \frac{{}_3 C_2 \times {}_{47} C_8}{{}_{50} C_{10}} + \frac{{}_3 C_3 \times {}_{47} C_7}{{}_{50} C_{10}} \right\} \\
&= 1 - \{0.398 + 0.092 + 0.0006\} \\
&= 1 - 0.496 \\
&= 0.504
\end{aligned}
$$

となる。

もちろん，直接，

$$P(X{=}0|d{=}3) = \frac{{}_3C_0 \times {}_{47}C_{10}}{{}_{50}C_{10}} = 0.504$$

と求めることもできる。

これは，どの欠陥機も発見されずに「合格」とされ就航してしまう確率，すなわち，欠陥機を見逃す確率 0.504 の方が少なくとも 1 機発見される確率 0.496 を上回っていることを示し，「サンプリング・プラン」の信頼性のなさ，危うさを示すものである。

参考のため，表 8.3 に欠陥機の数 $d = 0, 1, 2, 3, 4, 5$ の値に対する，欠陥機を見逃す確率を示しておく。

表 8.3　どの欠陥機も発見されずに「合格」とされ就航してしまう確率

d 欠陥機の数	0	1	2	3	4	5
$N{=}50, n{=}10$	1.000	0.800	0.637	0.504	0.397	0.311

7 正規分布

連続型の確率分布の中で，代表的な分布がこの**正規分布 Normal distribution** である。正規分布へのアプローチは，偶然に基づく誤差の分布としてドイツの数学者**ガウス**（**Karl Friedrich Gauss,** 1777-1855）がその発見者と伝えられているが，中心極限定理に注目したこと，天体観測の誤差測定を解析し，微分方程式をたてて，正規分布，その密度関数を導出したなどから**ガウス分布 Gaussian distribution** とも呼ばれる。

しかし，1730 年代の**ド・モアブル**（**Abraham De Moivre**）の**偶然の原則 The Doctrine of Chances** への注目や，その後の，ラプラスによる二項分布の極限としての正規分布の導出もあり，二項分布の正規分布での近似というアプローチも行われ意義深いものである。

これらの業績は，確率の歴史においては，大変興味深い営みである。

この正規分布は，経済・経営・社会事象にも理論モデルと現実のデータ間の誤差の分布として利用されてきたし，測定値のばらつきや，血圧やコレステ

ロール値，身長，体重，規格品の寸法，単位面積当たり収穫量など自然界の事象には正規分布をするものも少なくない。

正規分布の密度関数は，

$$f(x) = \frac{1}{\sqrt{2\pi\sigma^2}} e^{-\frac{(x-\mu)^2}{2\sigma^2}} \qquad (-\infty < 0 < +\infty) \tag{8.10}$$

である。

第2章でもみたが，**正規分布**は平均を μ，分散を σ^2 とすると，$X \sim N(\mu, \sigma^2)$ で表される。

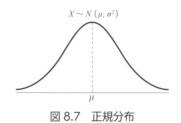

図8.7　正規分布

正規分布は次のような特徴をもっている。

① $x = \mu$ を軸に左右対称の釣鐘状の形で，$x = \mu$ で最大値をとる。

② x が $-\infty$ から ∞ までの曲線下の面積（確率）は1であり，左右半分はそれぞれ 0.5 となる。

③ $x \to -\infty$ あるいは，$x \to \infty$ のとき，$f(x) \to 0$ となるが，接しない。

〈標準正規分布〉

正規分布は，平均 μ と分散 σ^2 が与えられるとその形が決まるが，x を次の式のように z に変換すると標準正規分布と呼ばれる分布となる。

$$z_i = \frac{x_i - \mu}{\sigma} \qquad (i = 1, 2, 3 \cdots\cdots, n) \tag{8.11}$$

ここに，z_i は**標準化変量**と呼ばれる。

このとき，(8.10) 式は，

$$g(z) = \frac{1}{2\pi} e^{-\frac{1}{z}}$$

となる。

$X \sim N(\mu, \sigma^2)$ により，$\mu = 0$，$\sigma^2 = 1$ のとき，この分布は**標準正規分布**と呼ばれ**標準正規分布** $z \sim N(0, 1)$ となる。

この標準化された z に対応する確率は標準正規分布表（巻末付表1）から読み取ることができる。表は，分布の右半分の $z > 0.000$ の値に対応する面積，すなわち確率（上側確率）を示しているが，左右対称の性質を利用すれば，さまざまなケースでの確率（曲線下の面積）を求めることができる。（※上側確率とは Z より大きい値の確率を意味する。）

$$P(a \leq x \leq b) = P\left(\frac{a-\mu}{\sigma} \leq \frac{x-\mu}{\sigma} \leq \frac{b-\mu}{\sigma}\right)$$

$$= P(z_a \leq z \leq z_b) \qquad (a < b \text{ とする}) \qquad (8.12)$$

標準正規分布表において，0 から z までの部分の面積を $I(z)$ とすると，

$$P(a \leq x \leq b) = I(z_b) - I(z_a) \text{ または，} I(-za) = I(za)$$

標準正規分布における z 値に対応する確率の引き方を**図 8.8** に，また，標準正規分布の主な z 値の範囲と確率を**表 8.4** に示しておく。

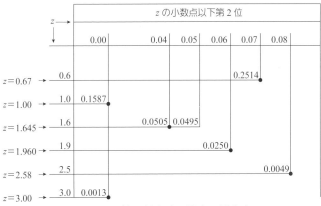

図 8.8 z 値に対応する確率の引き方

表 8.4　標準正規分布の主な z 値の範囲と確率

z_0	$P(z \geqq z_0)$	$P(0 < z < z_0)$	$P(-z_0 < z < z_0)$
0.670	0.2514	0.2486	0.4972　（約 50%）
1.000	0.1587	0.3413	0.6826　（約 2/3）
1.645	0.0500	0.4500	0.9000
1.960	0.0250	0.4750	0.9500
2.580	0.0050	0.4950	0.9900
3.000	0.0013	0.4986	0.9972

2 つの問題に取り組んでみよう。

〔問題 8.1〕　平均 $\mu = 50$，標準偏差 $\sigma = 10$ の正規分布 N $(50, 10^2)$ で，X の値が 70 より大である確率 P はいくらか。

〔問題 8.2〕タイヤの寿命を確率変数 X とし，また X は平均 $\mu = 48000$m，標準偏差 $\sigma = 3200$ の正規分布に従うとする。このことを X ～ N $(48000, 3200^2)$ と書く。
　このとき，(1) X ≦ 49600，(2) 45600 < X，(3) 45600 < X ≦ 49600 の確率 P を求めなさい。

第9章
統計的推論と標本分布

　全数調査（悉皆調査）や業務記録（医薬・健康データ・販売記録等の業務記録）を含むいわゆるビッグデータから採られたある標識のデータ全体の集まり（**母集団 population**）を使ってデータの分布図を描くことができる。事象の分布図である。

　しかし，母集団全体の値が把握できたとしても，全部の値（全数）を調べるわけにはいかないこともある。

　例えば，それは，品質管理の場合である。品質管理は，コスト面（全部を調べるより，一部の標本を調べることによる経費の節約）や時間面（全体を調べるよりも一部を調べる方が早く結果が出るという速報性）の節約等，全体を調べることに比べメリットもある。

　こうした一部の標本 sample から全体の**母数 parameter** を推定することは**統計的推定**と呼ばれる。また，品質管理において，生産機械の新設や生産方法の改良を加えたときに，能率や制度等の向上が見られるか否かを調べたり，ある病気の治療薬の開発が行われ，従来の医薬に対し，新薬の方がその効果が大きいか否かを調べたいときなどは，こうした方法を活かすことが意義をもつ。

1 母集団と標本

統計データは調査対象そのものの数や量，あるいはその特性（**標識 mark**）を

示すものである。しかし，上述のように母集団の全数を調べずその一部を標本としてとり，その標本の特性（平均値や比率，分散等）から母集団の母数（母平均値や母比率，母分散等）を推定──**統計的推定 Statistical estimation** したり，母集団についての仮説や，2つの母数間の差異の有無や両者の関係（例えば，相関関係）の有無について標本データで**検定 Statistical test** することがある。

さらには，自らの分布に関する理論仮説をデータでテストする場合もある。

図 9.1　母集団と標本

これらの推定や検定を**統計的推論 Statistical inference** と呼ぶ。

母集団と標本の関係は図 9.1 のように表現できる。

2 標本の抽出法

標本の抽出方法はいくつかあるが，ここでは，全国の世帯（母集団）から標本として一部の世帯を抽出する方法を紹介する。

① **単純無作為抽出法 Simple random sampling**

各地区の世帯の一覧表（母集団リスト）を基に各世帯に通し番号を付与し，乱数表を用いてサンプル世帯を抽出する方法。実際にこの方法が用いられるのは稀である。

② **系統抽出法 Systematic sampling**

母集団リストから初めの1サンプルのみ乱数表などから選び出し，2本目以降は一定の抽出間隔 sampling interval をおいて抽出する方法で等間隔抽出法とも呼ばれる。

抽出間隔 i は，一般に母集団の総個体数 N をサンプル数 S で割ることにより得られるが，抽出間隔が必ずしも切りのよい数値にならない場合には，切りのよい数値に直したうえで，母集団からこの間隔でサンプル S' をとり続ける。

目標のサンプル数を超えた場合 $(S'>S)$ には，選んだサンプルから不必要な数を無作為抽出法により，取り除けばよい。

③ 多段抽出法 Multi-stage sampling

各地区を都道府県に分け，調査を行う都道府県を無作為に抽出し，抽出した都道府県内の調査区リストから調査区を単純無作為に抽出し，そのうえで，選ばれた調査区の世帯リストを作り，調査世帯を無作為に抽出するという方式である。

④ 層化抽出法（層別抽出法）Stratified sampling

抽出の前に母集団を調査目的に照らしていくつかのグループ（層）strata に分け，各層の大きさに応じてサンプリングを行うもの。

以上のような方法で抽出された標本がしたがう分布は，**標本分布 Sample distribution** と呼ばれる。

3 | 推定量と推定値

一般に，標本から計算される量は**統計量**といい，この統計量が母集団の特性値である**母数 parameter** の推定に用いられるときには，**推定量 estimator** と呼ばれ，さらに標本から計算される推定量の実際の値を**推定値 estimate** という。

ところで，一般に推定値が母数に等しくなるという保証はない。というのは，推定値は誤差をもつ。また，推定量は確率変数で，推定値は標本ごとに変動するため，推定値の誤差の大きさも標本ごとに変動するからである。したがって，ある推定量が良い推定量であるか否かは，同じ推定量を繰り返し用いた場合に得られる推定値の理論的な分布，すなわち，推定量の標本分布により判断することが妥当であるということになる。

4 | 標本平均の分布

標本分布は推定したい母集団の特性値を何にするかで異なってくる。

いま，平均 μ, 分散 σ^2 の母集団からランダムに抜きとられた大きさ n のサ

ンプル $(x_1, x_2, x_3, \cdots, x_n)$ から，母平均 μ を推定するには，n 個の標本の平均 $\bar{x}(=(x_1 + x_2 + x_3 + \cdots + x_n)/n)$ が平均 μ，分散 σ^2/n の正規分布 $N(\mu, \sigma^2/n)$ に従うことを利用すればよい。

この分布の標準偏差 $\sqrt{\sigma^2/n}$ は標準誤差 standard error of the mean，略して **SEx̄** と呼ばれる。

これを定式化すると，

$$\mu_{\bar{x}} = E(\bar{x}) = \mu$$
$$\sigma_{\bar{x}}^2 = V(\bar{x}) = \sigma^2/n \tag{9.1}$$

となる。ただ，厳密には，

$$\mu_{\bar{x}} = E(\bar{x}) = \mu$$
$$\sigma_{\bar{x}}^2 = V(\bar{x}) = \frac{N-n}{N-1} \times \frac{\sigma^2}{n} \tag{9.2}$$

であり，母集団 N が標本 n に比較して十分大きいとき，有限母集団修正係数 $\frac{N-n}{N-1} = 1$ となり，(9.1) と一致する。

標本平均の分布を図示したものが図 9.2 であるが，標本平均 μ は同じでも，サンプルサイズ n が小さいほど $(n_1 < n_2 < n_3)$，標準誤差 SEx̄ が大きくなって

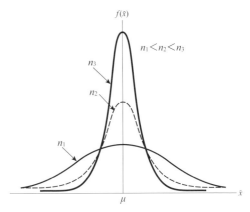

図 9.2　標本平均の分布

いる $(\sigma^2/n_1 > \sigma^2/n_2 > \sigma^2/n_3)$ ことがわかる。

5 中心極限定理

サンプルサイズ n が大きくなれば，標準誤差が小さくなっていくことがわかったが，サンプルサイズ n が大きくなると，標本平均の分布は正規分布に近づいていく。

大切なことは，このことが母集団の分布が正規分布に従うことを必ずしも必要としないことである。このことを明確にしているのが，**中心極限定理 Central limit theorem** である。

中心極限定理

任意の分布に従う平均 μ，分散 σ^2 の母集団からサンプルサイズ n の無作為標本をくり返しとるとき，n が大きくなるにつれ標本平均 $\bar{x}$ の標本分布は，平均 μ，分散 σ^2/n の正規分布 $N(\mu, \sigma^2/n)$ に近づいていく。

すなわち，

$$\overline{X} \underset{n \to \infty}{\sim} N(\mu, \sigma^2/n)$$

したがってこのとき

標準化された Z 統計量 $z = (\bar{x} - \mu)/(\sigma/\sqrt{n})$ は，

$$z \underset{n \to \infty}{\sim} N(0, 1)$$

となる。

---

6 標本比率の分布

母集団においてある属性をもった単位（個体）の集団数の母集団の個体数 N に対する比率を**母比率 p** というが，標本の中の同じ属性をもった個体の標本サイズ n に対する比率を**標本比率 $\hat{p}$** という。この標本比率 $\hat{p}$ から母比率 p を推定することがある。

この標本比率 $\hat{p}$ がどのような分布に従うのかを中心極限定理を利用して下記のように説明することができる。

中心極限定理の標本比率への応用

二項分布に従う平均 np, 分散 npq の母集団からサンプルサイズ n の無作為標本を繰り返しとるとき, n が大きくなるにつれ, 標本比率 $\hat{p}$ の標本分布は平均 p, 分散 pq/n の正規分布 $N(p, pq/n)$ に近づいていく。

すなわち,

$$\hat{p} \sim N(p, pq/n)$$

となる。

したがって, このとき, 原データを標準化した z 統計量 $Z_p = \dfrac{\hat{p} - p}{\sqrt{pq/n}}$ は, 平均 0, 分散 1 の標準正規分布に従い,

$$Z_p \sim N(0, 1)$$

となる。

---

7 χ^2 分布

n 個の独立した確率変数 x が, 平均 $\mu = 0$, 分散 $\sigma^2 = 1$ の標準正規分布に従うとする。このとき, 確率変数 x の二乗和で定義される関数は一つの確率変数で χ^2（カイジジョウと読む）といわれる。

すなわち,

$$\chi^2 = x_1{}^2 + x_2{}^2 + x_3{}^2 + \cdots\cdots + x_n{}^2$$

ただし, $\chi^2 = S_i^2/\sigma^2 = \sum (x_i - \bar{x})^2/\sigma^2$ $\quad (i = 1, 2, 3, \cdots\cdots, n)$ である。

また, 確率変数 χ^2 の密度関数は,

$$f(x) = \frac{1}{2^{m/2}\, \Gamma(m/2)} x^{m/2-1} e^{-x/2} \tag{9.3}$$

このχ^2は，ドイツの測地学者，数学者である**F. R. ヘルマルト Friedrich Robert Helmert**（1843-1917）により 1875 年に発見され，1900 年に**K. ピアソン Karl Pearson**（1857-1936）が再発見したものである。測地学は正確さを旨とする分野であるからヘルマルトは誤差論，最小二乗法についても考究した。

　この分布のパラメータは**自由度 degree of freedom** m（$= n - 1$）だけである。χ^2**分布**は，独立性の検定や観察された分布と理論分布との一致性の検定である適合度検定や理論的分散と観察された分散の一致性の検定などに用いられる。

　図 9.3 にあるように，自由度 m が 1 のときは，χ^2 値が 0 に近づくにつれ，$f(\chi^2)$ は無限大∞となり，m が 3, 5, 10, 20 と大きくなるにつれ，確率変数 χ^2 の密度関数 $f(\chi^2)$ は正規分布の密度関数に近づいていく。

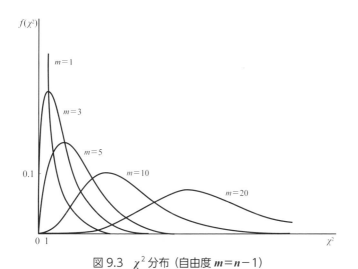

図 9.3　χ^2 分布（自由度 $m = n - 1$）

　また，確率変数 χ^2 の期待値 $E(\chi^2)$ は自由度 m に等しく，分散 $V(\chi^2)$ も $2m$ に等しい。

　すなわち，

$$E(\chi^2) = m$$
$$V(\chi^2) = 2m \qquad\qquad (9.4)$$

また，自由度 m の $1/2$ で定義される $m/2$ についての関数 $\Gamma(2/m)$ は正規分布から導かれる連続分布で**ガンマ関数**と呼ばれるが，あらゆる実数に対して，次のように定義される。

$$\Gamma(u) = \int x^{n-1}e^{-x}dx \qquad (\text{u} > 0) \qquad (9.5)$$

8 | t 分布

次節で見る F 分布の特殊なケースであるとともにコーシー分布の一般化されたものとして **t 分布 t distribution** がある。t 分布は，1907 年から 8 年にかけて **W. ゴセット**（**William Sealy Gosset**，1876-1937）が発見したものである。

ゴセットはオックスフォード大学卒業後 1899 年にアイルランドのダブリンにある A. ギネス Arthur Guinness が 1725 年に創設したビール会社ギネスに勤める技師であった。大麦栽培の増収を目指し，実験を続けていたが，その研究成果の公表が会社により禁止されていたため，自ら "Student" というペンネームで K. ピアソンの主宰する "*Biometrika*" に "The probable error of a mean" を発表した。

W. ゴセットの小標本理論を見出し，以下にみる t 分布として定式化したのは **R. A. フィッシャー**（**Sir Ronald Aylmer Fisher**，1890-1962）である。そのため，ゴセットとフィッシャーの両者は，推測統計学のパイオニアと呼ばれる。ビッグデータの時代，その特徴である全数調査・記録と小標本理論の両立可能性については，各自が工夫すべきものとなるが，これは事象の確率と判断の確率という 2 つの確率論の組み合わせをどのように考え，工夫していくべきかという創造的な話に繋がるものである。

いま母集団が正規分布 $N(\mu, \sigma^2)$ に従っていると仮定する。また，z 統計量，

$Z = \dfrac{\bar{x} - \mu}{\sigma/\sqrt{n}}$ において，σゆえに母分散 σ^2 が未知であるとする。

このとき，σの代わりに標本標準偏差 $s = \sqrt{\dfrac{\sum (x_i - \bar{x})^2}{n-1}}$ を用いた統計量を **t統計量**と呼び，(9.6) 式のように定義する。

$$t = \frac{x - \mu}{s\sqrt{n}} \tag{9.6}$$

t統計量はt分布に従うことがわかっている。巻末の付表3のt分布表は，表頭（表の上側）に有意水準（確率）αが示され，表側（表の左側）に自由度 $m(= n-1)$ が示されている。

t分布の形は標準正規分布より，ピーク（峰）がやや低く，その代わり裾野が広くなっている（図9.4）。

また，t分布表と標準正規分布表を比べるとわかるように，自由度 m が30以上のときは，t分布は標準正規分布 $z \sim N(0,1)$ に十分近似する。t分布は，小標本のケースで用いるが，t分布表の最下欄はデータ数nが無限大∞のケースであり，このとき，t値はz値と一致していることがわかる。

また，自由度 $m=1$ のとき，**オーギュスタン＝ルイ・コーシー**（**Augustin Louis Cauchy**，1978-1857）の名にちなむ**コーシー分布**と呼ぶ。すなわち，確率密度関数が $f(x) = 1/\pi (1 + x^2)$ である連続型確率分布である。コーシー分布は，指数関数的には減衰せず，それよりも緩やかに減衰する，裾野が広い分布で，平均値と分散をもたないという特徴がある。

この裾野の重い分布，ヘヴィーテールに対して，$x \to \infty$ で，ほとんど減衰しない裾をもつ分布はロングテールと呼ばれる。

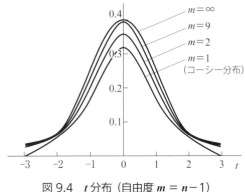

図9.4　t分布（自由度 $m = n-1$）

9 F 分布

分散が等しい 2 つの正規分布に従う母集団から無作為に抽出した大きさ n_1, n_2 の 2 組の標本から求めた分散をそれぞれ s_1^2, s_2^2 とすると, s_1^2 と s_2^2 の比を **F 統計量**と呼び, 次式のように定義する。数値の大きい方を分子とする。

$$F = \frac{s_1^2}{s_2^2} \tag{9.7}$$

F 統計量は R.A. フィッシャーが発見したものであるが, 一般には, 以下のような定式化がなされている。

2 つの独立した確率変数 X, Y があるとし, X は自由度 $m_1 = n_1 - 1$, Y は自由度 $m_2 = n_2 - 1$ の χ^2 分布に従うとする。

このとき, 次のように定義される統計量を F 統計量という。

$$F{}_{m_2}^{m_1} = \frac{s_1^2/(n_1 - 1)}{s_2^2/(n_2 - 1)} \tag{9.8}$$

このとき, F は, 自由度 $m_1 = n_1 - 1$, $m_2 = n_2 - 1$ の分布をする。

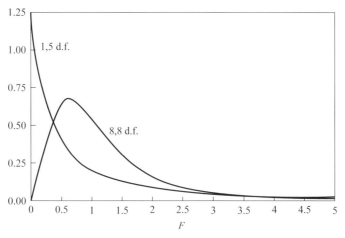

図 9.5　F 分布（自由度 $m = n - 1$）

第 10 章
推定と標本数

　標本から母集団の特性値である**母数 parameter** θ を推論することを**推定 Estimation** といい，θ を特定の値で推定することは**点推定 Point estimation**，また，θ をある信頼係数のもとで，一定の区間に含まれるという形式で推定することを**区間推定 Interval estimation** という。

　母数 θ には，母平均，母比率，母分散などがある。

　また，母数 θ についての仮説を標本データで検証することを**統計的検定 Statistical test** という。

1 区間推定

　区間推定は，θ をある信頼係数のもとで，一定の区間に含まれることを示すが，以下の形式で表される。

$$Pr\{a < \theta < b\} = 1 - \alpha \qquad (0 \leqq \alpha \leqq 1) \qquad (10.1)$$

　信頼係数 $(1-\alpha)$ で示される**信頼区間 Confidence interval** $[a, b]$ は，同じサイズの標本を母集団から繰り返しとるとき，その $100(1-\alpha)\%$ に対して，θ の真の値がそれらの標本に対応する信頼区間内に存在することを意味している。

　信頼区間 $[a, b]$ の両端の値は**信頼限界 Confidence limits**，また，a は**信頼下限 lower limits**，b は**信頼上限 upper limits** と呼ばれる。

一般に，信頼係数を高くすると，信頼区間は広がり，逆に信頼係数を低くすると信頼区間は狭くなる（図 10.1 参照）。

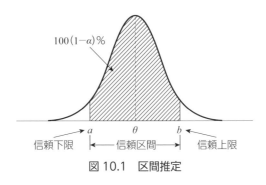

図 10.1　区間推定

ここで，信頼区間の意味するところを図 10.2 を用いて，確認してみよう。

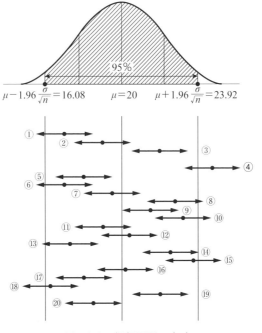

図 10.2　信頼区間の意味

注：①〜⑳は標本番号を示す。いま，$\alpha = 0.05$ の場合，信頼係数は 95％ となるがこれは $\frac{1}{20}$，すなわち 20 本の標本のうち 1 本の割合を示す。④のみが区間 [16.08, 23.92] の外にある。

いま，$\alpha = 0.05$ とすると，信頼係数は $100(1-\alpha) = 100(1-0.05) = 0.95$，すなわち，95.0% となる。信頼係数 95.0% とは，1 回の標本抽出により，設定された信頼区間内に，母数（母平均 μ）が存在する確率が 95.0% であるという意味である（図 10.2 参照）。

2 平均値の区間推定

1. 大標本（母分散 σ^2 既知の場合）の場合

標本平均 $\bar{x}$ は正規分布 $N(\mu, \sigma^2/n)$ に従うので，x を標準化した z は標準正規分布に従う。

すなわち，

$$z = \frac{\bar{x} - \mu}{\sigma/\sqrt{n}} \sim N\left(\mu, \frac{\sigma^2}{n}\right)$$

である。

ここから，

$$P\left\{ -z_{\frac{\alpha}{2}} < \frac{\bar{x} - \mu}{\sigma/\sqrt{n}} < z_{\frac{\alpha}{2}} \right\} = 1 - \alpha \tag{10.2}$$

ここで，{ } 内を変形すると，

$$P\left\{ \bar{x} - z_{\frac{\alpha}{2}} \times \frac{\sigma}{\sqrt{n}} < \mu < \bar{x} + z_{\frac{\alpha}{2}} \times \frac{\sigma}{\sqrt{n}} \right\} = 1 - \alpha \tag{10.3}$$

となる。

この式に，必要な $\bar{x}$, z, σ, n の値を代入すると，信頼区間が得られる。

例えば，新規学卒者の初任給は 2019 年には大卒男性が 21.28 万円，同女性が 20.69 万円となっている（厚生労働省『賃金構造基本調査』）。いま，$\bar{x}$ として男女の数値を用い，$n = 60$，男女間で分散 σ^2 に相違はなく，$\sigma = 0.5$ とし，$\alpha = 0.05$ とすると，学卒男性の場合，

$$P\left\{ 21.28 - 1.96 \times \frac{0.5}{\sqrt{60}} < \mu < 21.28 + 1.96 \times \frac{0.5}{\sqrt{60}} \right\} = 0.95$$

よって,

$$P\{\,21.153 < \mu < 21.408\,\} = 0.95 \qquad となる。$$

また,学卒女性の場合,

$$P\left\{\,20.69 - 1.96 \times \frac{0.5}{\sqrt{60}} < \mu < 20.69 + 1.96 \times \frac{0.5}{\sqrt{60}}\,\right\} = 0.95$$

よって,

$$P\{\,20.563 < \mu < 20.817\,\} = 0.95 \qquad となる。$$

以上から,全国の大学新卒者の初任給の母平均 μ の信頼係数 95％の信頼区間は,男性の場合,下限が 21.153 万円,上限が 21.408 万円となる。また,女性の場合,下限が 20.563 万円,上限が 20.817 万円となる。

2. 小標本（母分散 σ^2 未知）の場合

母分散 σ^2 が未知の場合,σ^2 の代わりに,標本分散 s^2 を用いる。このとき,z 統計量の代わりに t 統計量を用いる。t 値は t 分布に従う。

$$t = \frac{\bar{x} - \mu}{s/\sqrt{n}}$$

ここに,

$$s = \sqrt{\frac{\sum (x_i - \bar{x})^2}{n-1}}$$

$$t = \frac{\bar{x} - \mu}{s/\sqrt{n}} \sim t\left(\frac{\alpha}{2},\ n-1\right) \qquad である。$$

ここから,

$$P\left\{\,-t\left(\frac{\alpha}{2},\ n-1\right) < \frac{\bar{x} - \mu}{s/\sqrt{n}} < t\left(\frac{\alpha}{2},\ n-1\right)\,\right\} = 1 - \alpha \qquad (10.4)$$

ここで,{ }内を変形すると,

$$P\left\{\,\bar{x} - t\left(\frac{\alpha}{2},\ n-1\right) < \mu < \bar{x} + t\left(\frac{\alpha}{2},\ n-1\right)\,\right\} = 1 - \alpha \qquad (10.5)$$

となる。

この式に，必要な $\bar{x}$, t, s, n の値を代入すると，信頼区間が得られる。

いま，大標本（分散既知）の場合と同様に，2019 年の新規学卒者の初任給で，大卒男性が 21.28 万円，同女性が 20.69 万円，$n = 21$，男女間で標本分散 s^2 に相違はなく，$s = 0.75$ とし，$\alpha = 0.05$ とすると，学卒男性の場合，

$$P\left\{ 21.28 - 2.086 \times \frac{0.75}{\sqrt{21}} < \mu < 21.28 + 2.086 \times \frac{0.75}{\sqrt{21}} \right\} = 0.95$$

よって，

$$P\{ 20.939 < \mu < 21.621 \} = 0.95 \qquad \text{となる。}$$

また，学卒女性の場合，

$$P\left\{ 20.69 - 2.086 \times \frac{0.75}{\sqrt{21}} < \mu < 21.28 + 2.086 \times \frac{0.75}{\sqrt{21}} \right\} = 0.95$$

よって，

$$P\{ 20.349 < \mu < 21.031 \} = 0.95$$

となる。

以上から，小標本の場合，全国の大学新卒者の初任給の母平均 μ の信頼係数 95％の信頼区間は，男性の場合，下限が 20.939 万円，上限が 21.621 万円となる。また，女性の場合，下限が 20.349 万円，上限が 21.031 万円となる。

以上の計算で，男女別に，大標本と小標本の結果を比較したものが表 10.1 である。男女いずれの場合も，小標本の方が大標本（分散既知）よりも信頼区間の幅が大きくなっていることがわかる。

表10.1　全国の大学新卒者の初任給

		下限値	上限値
大標本	男性	21.153	21.408
	女性	20.563	20.817
小標本	男性	20.939	21.621
	女性	20.349	21.031

3 ｜ 比率の区間推定

標本比率 $\hat{p}$ の分布は，第 9 章の中心極限定理の応用でみたように，

$$\hat{p} \sim N(p,\ pq/n)$$

であり，このとき，　　$z_{\hat{p}} = \dfrac{\hat{p} - p}{\sqrt{\dfrac{pq}{n}}} \sim N(0, 1)$　　となる。

したがって，

$$P\left\{ -z_{\frac{\alpha}{2}} < \frac{\hat{p} - p}{\sqrt{\dfrac{pq}{n}}} < z_{\frac{\alpha}{2}} \right\} = 1 - \alpha \tag{10.6}$$

ここで，｛　｝内を変形すると，

$$P\left\{ \hat{p} - z_{\frac{\alpha}{2}} \sqrt{\frac{pq}{n}} < p < \hat{p} + z_{\frac{\alpha}{2}} \sqrt{\frac{pq}{n}} \right\} = 1 - \alpha \tag{10.7}$$

となる。

また，p の推定値を $\hat{p}$ とすると，標本比率の平均と標準偏差は，それぞれ $n\hat{p}$，$\sqrt{n\hat{p}(1 - \hat{p})}$ で推定される。また，$\sqrt{\hat{p}(1 - \hat{p})/n}$ は，比率の標準誤差といわれる。

このとき，(10.7) は，以下の (10.8) となる。

$$P\left\{ \hat{p} - z_{\frac{\alpha}{2}} \sqrt{\frac{\hat{p}(1 - \hat{p})}{n}} < p < \hat{p} + z_{\frac{\alpha}{2}} \sqrt{\frac{\hat{p}(1 - \hat{p})}{n}} \right\} = 1 - \alpha \tag{10.8}$$

ところで，テレビ番組の調査には，世帯別視聴率調査や番組接触率調査などがある。世帯別視聴率調査は，ある番組を世帯の特定の個人が視聴しているのかを調べるものであり，番組接触率調査は「平均何％のテレビで番組が見られていたか」を示すもので，総接触率は，「1日あたり何時間テレビが見られているか」をみるものでもある。

いま，世帯別視聴率調査を例に，比率の区間推定を行ってみよう。日本では現在，視聴率調査を行っているのはビデオリサーチ社（以下，VR社）のみである。かつてはニールセンという会社も行っていたが，VR社1社となったため，結果の比較ができず，信頼性を確認できないという基本的問題点をもつ。

しかし，VR社も改善に努めてきており，2020年3月30日からは，(1) 調査設計の統一ということで，①テレビ視聴率を測定している全地区（27地区）で，ピープルズメーター（機械式個人視聴率調査 PM調査）を利用し，調査設計

を統一する，②全地区で毎日データを提供すること，③タイムシフト視聴率データを全地区で提供することなどの変更を開始した。

また，(2) 関東，関西，札幌地区の調査世帯数を関東（900 → 2,700 世帯），関西（600 → 1,200 世帯），札幌（200 → 400 世帯）へと拡大した。

いま，関東地区の 2,700 世帯と従来の 900 世帯を用いて (10.8) 式に基づき視聴率を区間推定してみよう。

10% の視聴率結果は $\hat{p} = 0.1$，ゆえに，$1 - \hat{p} = 1 - 0.1 = 0.9$，$\alpha = 0.05$ とすると標準正規分布表（付表 1）から $z_{\frac{\alpha}{2}} = 1.96$ であるから，(10.8) 式より，

調査世帯数が 2,700 世帯の場合は，

$$P\left\{ 0.1 - 1.96\sqrt{\frac{0.1(1-0.9)}{2,700}} < p < 0.1 + 1.96\sqrt{\frac{0.1(1-0.9)}{2,700}} \right\} = 0.95$$

$$\therefore P\{\, 0.0887 < p < 0.1113 \,\} = 0.95$$

また，調査世帯数が 900 世帯の場合は，

$$P\left\{ 0.1 - 1.96\sqrt{\frac{0.1(1-0.9)}{900}} < p < 0.1 + 1.96\sqrt{\frac{0.1(1-0.9)}{900}} \right\} = 0.95$$

$$\therefore P\{\, 0.0804 < p < 0.1196 \,\} = 0.95$$

となる。

調査世帯を 2,700 世帯にした場合，区間幅は 0.0226（= 0.1113 - 0.0887）となり，900 世帯の場合の 0.0392（= 0.1196 - 0.0804）よりも狭くなり，0.0166 ポイントすなわち，1.7% 弱狭くなり，推定精度が上がったことになる。

かつては，ある番組は視聴率が 10% ならば「ぼちぼち」，15% ならば「一応成功」，20% ならば「成功」と言われていたが，テレビ視聴者の減少とチャンネルの多様化もあり，現在は 10% の二桁に乗れば，上出来といえなくもない。

4 区間推定と標本数

区間推定を行う場合に，必要なサンプル数はどのように決めれば良いのであろうか？

いま，標本比率$\hat{p}$と真の比率pの差の絶対値$|\hat{p}-p|$を**推定誤差E**と呼ぶとすれば，推定誤差Eをある範囲に抑えるために必要なサンプル数nを知りたくなる場合がある。あるいは，区間推定の上限と下限の差である区間幅Lを一定の値に抑えるために必要なサンプル数nを知りたくなる場合がある。

推定の誤差Eをある範囲に抑えるためには，次式 (10.9) により必要なサンプル数nを求めればよい。

$$n = \left(\frac{z_{\frac{\alpha}{2}}}{E}\right)^2 p(1-p) \tag{10.9}$$

ここで，$z_{\frac{\alpha}{2}}$は与えられた信頼係数αに対応するz値であり，真の比率pについては，もし情報があれば，その値を用い，もし情報がなければ，$p=1/2$を用いる。

例題を考えてみよう。

いま，ある番組の視聴率の推定において，誤差Eを 0.01 以内に抑えたい。Pについては 0.1，すなわち，10.0% という情報があるとする。このとき，信頼係数$\alpha=0.95$とすると，必要なサンプル数nが何本になるか計算してみよう。

$E=0.01$，$z_{\frac{\alpha}{2}}=1.96$，$p=0.1$であるから，(10.9) より，

$$n = (1.96 / 0.01)^2 0.1(1-0.1)$$
$$= 3457.44$$

となり，標本数を 3,458 本にすると調査世帯の視聴率が，母集団の視聴率pから 1% 以上離れないことになる。

ちなみに，$n=2,700$で，信頼係数$\alpha=0.95$で，10.0% の視聴率pのときに，誤差Eはどの位になるであろうか？

このとき，$E = \dfrac{z_{\frac{\alpha}{2}}}{\sqrt{\dfrac{n}{p(1-p)}}} = \dfrac{z_{\frac{\alpha}{2}}\sqrt{p(1-p)}}{\sqrt{n}} = \dfrac{1.96\sqrt{0.1\times0.9}}{\sqrt{2,700}} = 0.0113$となり，真の$p$の値から，0.0113 の 2 倍，すなわち，0.0226 の幅の誤差内に収まることになる。

第11章
統計的検定

1つの母集団の母数について立てられた仮説や2つの母集団の平均値や比率，分散などの特性値間の関係について，標本の結果により，これらの仮説が成り立つか否かを検証し，その仮説を棄却もしくは採択することを仮説検定あるいは統計的検定 statistical test という。エクセルや SPSS では，本章の検定の関数等が分析ツールあるいは統計関数として含まれているので，試して欲しい。

1 母集団と標本の関係

ここでは，まず，1. 母集団と標本の関係，2. 標本の大きさと標本数（標本サイズ），3. 母平均と標本平均の関係について復習しておく。

特定の属性のデータ値全体の集まりである母集団から，その一部を抽出した時，抽出されたデータは標本と呼ばれる。このとき，母集団サイズ N は，母集団に含まれるデータの総数を示す。母集団の特性値（**母数 parameter**）としては，母平均 μ や母分散 σ^2，母比率 p などがあり，中央値なども母数と考えられる。

次に，標本数とサンプルサイズ（標本の要素の数）についても確認しておこう。**標本数**は，母集団から採られる**標本（サンプル）の数 N —群**とも呼ばれる—であり，各標本には，抽出された標本サイズ n の標本—部分データ（要素）—が含まれる（**図11.1 参照**）。ただし，この抽出されるサンプルサイズは常に同数

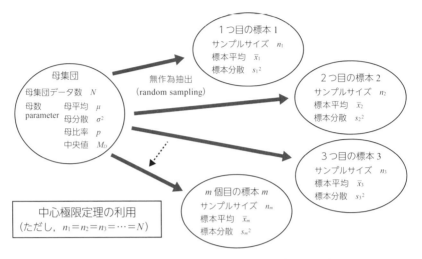

図 11.1　母集団と標本—標本数とサンプルサイズ
標本数 m 本のケース

とは限らず，同数・非同数のケースに応じて，各種の検定方法が行われる。

　m 本の標本が得られれば，各標本から標本の平均値や分散，標準偏差，中央値などが計算できるが，それらは，標本平均 $\bar{x}$，標本分散 s_2，標本標準偏差 s，標本中央値などと呼ばれる。

　中心極限定理（第 9 章参照）で示されているように，ランダムに抜きとられた大きさ n のサンプル $x_1, x_2, x_3, \cdots, x_n$ から計算された m 個の標本平均 $\bar{x}$ の分布は，平均 μ，分散 σ^2/n の正規分布に近づいていく。

　母集団と標本の関係について確認はできたであろうか。

　以下では，まず，仮説検定の基本用語を確認し，その後，仮説検定の手順について説明していくことにする。

2 仮説検定

1. 仮説検定とは

統計的検定は仮説の設定から始まる。統計的検定は，検定を行う主体が証明したいと思う母集団の特性に関する特定の「言明」や「主張」あるいは「要求」を表す仮説とそれを否定する仮説の2つとなる。

裁判では，被告は自白だけではなく，物証の有無で有罪あるいは無罪となる可能性が高くなるが，統計的検定は自分の証明したいことを直接証明するのではなく，自分の否定したい内容のものを仮説として立て，標本データ値からこの仮説を棄却することで，自分の証明したい内容を受容させるという形式をとる。

したがって，仮説は検定する主体が証明したい内容に反する仮説と，証明したい内容を示す仮説の2つしかなく，前者は**帰無仮説 null hypothesis** と呼ばれ，H_0 で表現され，後者は，**対立仮説 alternative hypothesis** で H_1 と表される。

つまり，対立仮説 H_1 は検定主体が事実として確認したいものである。これに対し，帰無仮説 H_0 は標本データにより棄却されるか，無効にされることすなわち，「無に帰されること」が期待されているため，帰無仮説という名前が与えられている。Null は零を意味するが，これを最初に帰無仮説と訳した人物は見事である。

帰無仮説 H_0 は，証明したい研究仮説である対立仮説 H_1 に対して検定されるが，対立仮説 H_1 は帰無仮説 H_0 が棄却されたときに支持され，棄却されないときには支持されないという背理法的関係にある。証拠一つがあれば，有罪か無罪かが決まるという法的世界と比べ，どちらともつかないあいまいな鵺的なものを感じる向きもあるかもしれないが，その受けとめ方は次の2種類の過誤の可能性により，増幅されるかもしれない。

2. 2種類の過誤

統計的検定について知っておくべきことはその限界である。

仮説検定においては，帰無仮説 H_0 が真の状態と一致している場合と一致し

第 11 章　統計的検定 | 167

ていない場合の 2 つのケースがあり，また，検定の結果，帰無仮説 H_0 を採択するか棄却するかの 2 通りのケースがある。

これらをクロスさせたのが**表 11.1** である。検査結果の計算，関連係数の計算や結合確率の計算の場合に用いた 2×2 の分割表と同様の表になる。

表 11.1　2 種類の過誤

		母集団の真の状態	
		帰無仮説 H_0 が真（H_1 が偽）	帰無仮説 H_0 が偽（H_1 が真）
検定の結果	帰無仮説 H_0 採択	正 $1-\alpha$	第 II 種の過誤 β（消費者危険）
	帰無仮説 H_0 棄却	第 I 種の過誤 α（生産者危険）	正 $1-\beta$（検出力）

表 11.1 の表頭には母集団の真の状態が，また，左表側には検定の結果が示されている。もし，帰無仮説 H_0 が真の状態と一致し，正しいときに，検定の結果，帰無仮説 H_0 を棄却した場合，誤った判断をしたことになり，これは**第 I 種の過誤 a type I error** という。第 I 種の過誤をおかす確率は α で表現され，**有意水準 α** と呼ばれる。有意水準 $\alpha = 0.05$ のとき，確率 0.05 は 100 回のうち 5 回は帰無仮説 H_0 を誤って棄却することを意味する。例えば，メーカーの製品が良品であるときに，品質検査の結果，不良品であると判定される誤りであり，生産者側に損失をもたらすので，この誤りは，**生産者危険**と呼ばれる。

一方，帰無仮説 H_0 が真の状態と一致し，正しいときに，検定の結果，帰無仮説 H_0 を採択した場合は，正しい判断をしたことになり，この確率は $1-\alpha$ となる。

また，帰無仮説 H_0 が真の状態と一致しないにもかかわらず，検定の結果，帰無仮説 H_0 を採択する場合も，誤った判断をしたことになり，これを**第 II 種の過誤 a type II error** という。第 II 種の過誤をおかす確率は β で表す。第 II 種の過誤は，真の状態が不良品であるときに，検査の結果，良品として，判定する誤りであり，消費者に損失を与えるので，**消費者危険**という。柴田寛三は，第 I 種の過誤を「慌て者のまちがい」，第 II 種の過誤を「鈍間のまちがい」と

呼んでいる（柴田，1985：23）。

3.　2種類の過誤αとβの関係

　2種類の過誤αとβの関係はどのようなものであろうか？　統計的検定では通常，$\alpha = 0.05$ とするが，自然科学分野では $\alpha = 0.01$ もしばしば使われる。帰無仮説 H_0 が真のとき，それを棄却するという第I種の過誤を $\alpha = 0.05$ という確率でコントロールすることにより，帰無仮説 H_0 が真の状態と一致しているという意味で正しい結果を示す確率が $1 - \alpha = 0.95$ となるのである。

　図11.2におけるαとβを示す斜線の面積に注目されたい。

　いま，αを 0.5，0.25，0.20，0.10，0.05，0.01……というように徐々に小さくしていくとαとβの境の縦軸（境界値）は右にシフトし，図中の第II種の過誤βは大きくなっていく。αとβは二律背反 trade off の関係にあるのである。

　しかし，「過誤は過誤として同一」である。統計的検定においてαにのみ，関心が寄せられているが，第II種の過誤βに関心をもたないことは問題である。既述の「検査結果の分析」で，感度や特異度を0.95と設定しコントロールする一方で，陽性や陰性の予測値，特に陽性の予測値すなわち，検査で陽性と判定された人のうち真の陽性である人の割合の低さに関心を払わないことの問題性を指摘したことが理解できるであろう。

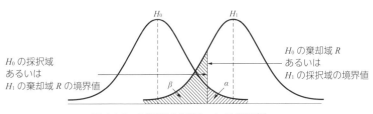

図11.2　2種類の過誤αとβの関係

4.　棄却域と帰無仮説・対立仮説

　統計的検定において，帰無仮説 H_0 が棄却される領域を**棄却域 Region of rejection** という。棄却域 R は表現され，第I種の過誤をおかす確率αに等しい。

この棄却域 R は，標本分布の両側もしくは左右いずれか片側に設定するが，それは，対立仮説 H_1 の内容に依存する。

いま，2つの異なる母集団の平均値 μ が同じであるか否かを検定することにする。いま，2つの母集団の平均値を μ_1, μ_2 とすると，以下の3つのケースがありうる。

ケース (a) 両側検定

帰無仮説 $H_0 : \mu_1 = \mu_2$ あるいは $\mu_1 - \mu_2 = 0$

対立仮説 $H_1 : \mu_1 \neq \mu_2$ あるいは $\mu_1 - \mu_2 \neq 0$

このときは，分布の左右両端に棄却域 R が設定されるので，両側検定となる。

ケース (b) 右片側検定

帰無仮説 $H_0 : \mu_1 = \mu_2$ あるいは $\mu_1 - \mu_2 = 0$

対立仮説 $H_1 : \mu_1 > \mu_2$ あるいは $\mu_1 - \mu_2 > 0$

このときは，分布の右裾野に棄却域 R を設定するので，右片側検定となる。μ_1 が μ_2 より大きいことを示したいケースとなる。

ケース (c) 左片側検定

帰無仮説 $H_0 : \mu_1 = \mu_2$ あるいは $\mu_1 - \mu_2 = 0$

対立仮説 $H_1 : \mu_1 < \mu_2$ あるいは $\mu_1 - \mu_2 < 0$

このときは，分布の左裾野に棄却域 R を設定するので，左片側検定となる。μ_1 が μ_2 より小さいことを示したいケースとなる。

ここで，有意水準 $\alpha = 0.05$ とし，正規分布を用いた検定を行う場合には，上記の3つの検定のスタイルは**図 11.3** のようになる。

この場合，正規分布を前提にしているので，$\alpha = 0.05$ の場合の棄却域 R を決める値は，(a) 両側検定では，両端に棄却域が設定されているので $\alpha/2$ となる $z = 1.96$ が，(b) 右片側検定では $z = 1.645$ が，さらに (c) 左片側検定では $z = -1.645$ が境界値（有意点）となる。

棄却域が設定されると，帰無仮説 H_0 を棄却するのか採択するのかは検定統計

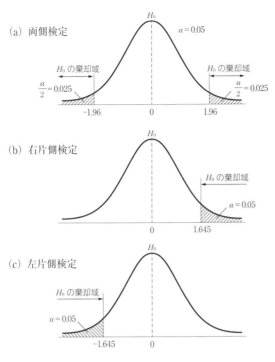

図 11.3　有意性検定のスタイルと棄却域の関係

量の値次第である。仮に検定統計量が有意水準 α に対応した棄却域の中に入ったならば帰無仮説 H_0 は棄却され，「**有意である significant**」という。統計的に有意であるとは，帰無仮説 H_0 と標本結果のズレ（差異）がない場合に起こる相違としてではなく，母集団の真の状態と帰無仮説 H_0 のズレがなければ起きないような相違として生じたことを意味するのである。しかしながら，有意であることはこれらの相違の大きさについては直接何も教えてはくれないのである。

5.　仮説検定の手順

　仮説検定は，以下の手順で行う。

① 検定したい研究仮説（理論仮説）を明確化する。

② 帰無仮説 H_0 と対立仮説 H_1 の明確化を行う。

　　検定仮説は，検定したい平均値 μ，比率 p，χ^2，分散 σ^2，中央値などについて行う。帰無仮説 H_0 は打ち倒されるために設定されるので，重要なのは，対立仮説 H_1 であり，その設定がポイントとなる。上記のケース (a)，(b)，(c) の形式を参考に設定する。

③ 検定のスタイルを確認する。

　　両側検定，右片側検定，左片側検定のいずれかを明確化する。

④ 利用する確率分布と検定の型を選択する。

　　正規分布，t 分布，χ^2 分布，F 分布など。

⑤ 有意水準 α を決定する。

　　$\alpha = 0.05$，0.01 など。

⑥ 棄却域 R を設定する。

　　選択した分布に基づく棄却域に対応した境界値 (有意義) の計算を行う。

⑦ 帰無仮説 H_0 の下での検定統計値の計算を行う。

　　正規分布であれば z_0 値，t 分布であれば t_0 値，χ^2 であれば χ^2_0 値，F 分布であれば F_0 値など。

⑧ 標本から得られたデータを用いた各検定統計値を計算する。

⑨ 検定統計値が棄却域 R に入れば，「有意 significant」となり，帰無仮説 H_0 は棄却され，対立仮説 H_1 が採択される。

⑩ 反対に，検定統計値が棄却域 R に入らなければ，「有意でない not significant」となり，帰無仮説 H_0 は棄却されず保持され，対立仮説 H_1 は採択されない。

3 　パラメトリック検定とノンパラメトリック検定

　上記の検定手順にしたがって，検定を行うが，その際，母集団の分布がある特定の分布にしたがっていることがわかっている (あるいは前提する) 場合には，**パラメトリック検定**と言い，特定の分布を想定しない場合には，**ノンパラメトリック検定**という。

　これらについて，今少し，説明を加えておくことにする。

表 11.2 には，本書におけるデータの分類（質的データと量的データ），尺度構造に対応した検定方法が示されている。また，標本を対応のないケースと対応のあるケースに分け，標本（サンプル）の数 N が 2 群の場合と 3 群以上の多群の場合のノンパラメトリック検定が示されている。パラメトリック検定，ノンパラメトリック検定の総覧になっているので，必要に応じて参照されたい。

統計学は分布に基づいて判断をするため，比較したい複数の分布の同一性の判断基準が必要となるが，まずは，平均値 μ か分散 σ^2 の比較が行われる。正規分布を前提にし，母集団と標本との関係でいえば，母分散 σ^2 が既知なのか，未知なのかによって用いられる検定方法は異なり，既知の場合は **Z 検定**（標準正規分布を利用），未知の場合は **F 検定（等分散の検定）** を行い，等分散と見なせれば **t 検定** を用い，そうでなければ **Aspin-Welch の検定** を行う。

また，特定の分布を前提としないノンパラメトリックでは，χ^2 分布を利用した検定方法がよく使われるが，正規分布を前提としない場合には，平均値で

表 11.2　データの尺度構造とパラメトリック検定・ノンパラメトリック検定

データの尺度・分類		標本と母集団	対応のないケース（独立性の検定）		対応のあるケース（関連性の検定）	
			2 群	多群	2 群	多群
		パラメトリック検定	パラ／ノンパラメトリック検定	ノンパラメトリック検定		
質的データ	名義尺度	Z 検定	Z 検定 χ^2 検定 Fisher の直接確率法	χ^2 検定	McNemar の検定 符号検定	Cochran の Q 検定
	順位尺度	二項検定	Wilcoxon の2 標本検定 Kolmogorov-Smirnov 検定 中央値検定	Kruskal-Wallis の検定	Wilcoxon の2 標本検定 中央値検定	Friedman の検定
量的データ	間隔尺度	母分散 σ^2 既知のとき，Z 検定（正規検定）	母分散 σ^2 既知のとき，Z 検定（正規検定） 母分散 σ^2 未知のとき，F 検定で差なし→ t 検定	一元配置分散分析	t 検定（1 標本）	二元配置分散分析
	比率尺度	母分散 σ^2 未知のとき，t 検定	F 検定で差あり→ Aspin-Welch の検定			

（注）網かけは，χ^2 分布を用いる検定を示す。
（出所）片平編（2017：116），森・吉田編著（1990）第 1 章を基に作成

はなく，中央値が分布の軸（代表値）とされ，中央値の差の有無により，分布の同一性が判断されることになる。

1. パラメトリック検定

　パラメトリック検定は，統計的検定において馴染み深いものであり，分布表も容易に得られ，エクセルなどでも統計量を得るための関数が用意されているものが多い。しかし，その利用に際しては，以下の仮定などが必要である。

　① 観測値は独立でなければいけないこと
　② 観測値は正規分布に従う母集団から抽出されなければならないこと
　③ 母集団は等しい分散をもつこと（等分散）
　④ データの尺度は，間隔尺度か比率尺度であること
　⑤ 加法性をもつこと

　これらの仮定は通常，検証されることはないが，保持されていると想定されているのである。したがって，パラメトリック検定の結果の有効性がこれらの仮定の妥当性に依存していることを忘れてはならない。

　良い検定とは，α，β という 2 つの過誤のいずれもできるだけ小さくし，検定結果の信頼度もできるだけ高める検定である。例えば，有意水準 α を $\alpha = 0.05$ にコントロールした場合に，検出力 $(1-\beta)$ を低めないことである。検出力は，誤った帰無仮説 H_0 を誤りとして棄却する確率であり，そのためにはサンプル数 N を増やしていくことが有効となる。

2. ノンパラメトリック検定

　ノンパラメトリック検定は，サンプルが採られる母集団の分布について，したがって，その母数について特定の条件が付けられていない検定である。その結果，ノンパラメトリック検定は上記の仮定を緩めて行うことができるという利点をもっている。

　ノンパラメトリック検定のもつ主要な利点とは下記の通りである。

　① サンプルが採られる母集団の分布にかかわらず，ほとんどのノンパラメ

トリック検定により，得られる判断は確率的なものであること

② 小標本（$N \leq 6$）でも利用可能であること

③ 分散の同一性についてはいかなる仮定もないこと

④ どのような尺度のデータにも利用可能であること

　3つの V（$Volume$ データの量の増大，$Variety$ データの多様性，$Velocity$ 即時性）で特徴づけされるビッグデータの時代には，volume すなわち，データがすべて得られるのであるから，「母数を推計する必要はないのではないか？」という疑問をもつ人が出てきても不思議ではない。また，質的多様性という点からみると，標本（サンプル）数 $N=1$ というデータのありようも過小評価できないし，こうした，N の小さいデータにおける対応のあるケースの比較を行うことも少なくない。そう考えると，データ利用の分野によっては，統計的検定の果たす場面は，小さくなるどころか，逆に，大きくなってきているのも事実である。

　こうした点を踏まえ，今一度，基本的なルールをまとめておくことにする。

① 検定に用いる分布の選択根拠を明確化すること。

② 有意水準 α は，通常の 0.05 並びにケースにより 0.01 を用いること。社会科学分野においては，自分の理論仮説を押し出すために $\alpha=0.10$ を用いるケースもあるが，それは，逆に全体としての実証性を損なうものとなるので，自重すべきであること。

③ 2 種類の過誤における過誤と検定結果の信頼度の高さにこだわること。

④ 母集団を明確にし，収集データはできるだけ多くとること。

⑤ 帰無仮説 H_0 と対立仮説 H_1 を明確にすること。検定においては，統計量も理論分布を反映する平均値，比率，中央値，分散や相関係数などに対応して，多様なものが存在するので，検定目的に沿った方法を選ぶこと。ただ，複数の検定方法を用いて，それらの結果を比較することも大切であること。

⑥ 実証したい目的に至るために，複数のステップがある時には，ステップごとに用いる分布が異なる場合もあること。

4 さまざまな検定

1. 平均値の検定 (母分散 σ^2 未知) t 検定

いま, $X \sim N(\mu, \sigma^2)$ に従う母集団からサンプルサイズ n の標本を採ったとしよう。平均値 μ について検定を行うが, サンプルサイズが大きい $(n \geqq 60)$ 場合には, 標準正規分布を用いて検定を行えばよいが, 母分散 σ^2 が未知で, サンプルサイズが小さいケースでは, t 分布を用いた t 検定を行う。

t 値は (9.6) 式で定義されたように, $t = (x - \mu)/(s/\sqrt{n})$

ただし, $s = \sqrt{\sum (x_i - \bar{x})^2/(n-1)}$ である。

〔例題〕

いま, DVD の直径が 12cm で生産されているとする。このサイズは大きくても小さくても不良品となる。このメーカーは, $n = 21$ の抜き取り検査を行ったところ, 平均値 $\bar{x}$ は 12.025cm, 標本標準偏差 s は 0.05 となった。このとき, この DVD が直径 12.000cm となっているように調整されているか否かを検定してみる。有意水準は, $\alpha = 0.05$ とする。

帰無仮説と対立仮説は下記のようになる。

帰無仮説 $H_0 : \mu_0 = 12.000$ [cm]

対立仮説 $H_1 : \mu_1 \neq \mu_0$　　(あるいは $\mu_1 - \mu_0 \neq 0$)

このとき, 分布の左右両端に棄却域 R が設定されるので, 両側検定 (図 11.4) となる。

帰無仮説の下での t 値は, $t_0 = (\bar{x} - \mu_0)/(s/\sqrt{n}) = (12.025 - 12.000)/(0.05/\sqrt{20}) = 2.236$ となる。$n = 21$ なので自由度は $m = 20$ (第 9 章参照, 自由度 $m = n - 1$) であり, t 分布表 (付表 3) より, 自由度 $m = 20$ の場合に $\alpha = 0.05$ となる t 値 (= 棄却域の境界線) は 2.086である。したがって t_0 (= 2.236) は棄却域 R に入るので有意となる。よって, 帰無仮説 $H_0 : \mu_0 = 12.000$ [cm] は棄却されず, データでみる限り, 平均 $\mu_0 = 12.000$ [cm] でコントロールされているといえる。

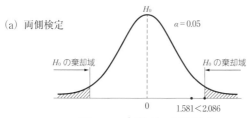

（a）両側検定　　　　　　　　　H_0　　　$\alpha = 0.05$

H_0 の棄却域　　　　　　　　　　　　　　H_0 の棄却域

0　　　1.581＜2.086

図 11.4　平均値の両側検定

2.　二項検定

　いま，催眠薬の睡眠時間増加効果の有無を検定するとしよう。このとき，同一の患者の処方前後の差を検定するので，対応のあるケース（関連性の検定）を行うことになる。標本は $N=2$ （群）であるが，対応のあるケースなので，実質標本 N は $N=1$ となる。

　二項分布を用いて，二項検定を行う。催眠薬に効果がなければ，睡眠時間の増加と減少は同じ確率で発生するはずである。有意水準 $\alpha = 0.05$ とする。

　　　帰無仮説 $H_0 : p_0 = 1/2$

　　　対立仮説 $H_1 : p_1 \neq 1/2$

　結果であるが，表11.3にあるように，差が ▲ （マイナス）になったケースは患者4のみの1ケースである。二項分布において，▲ （マイナス）が1回以下観測される確率は0.004で，これは，有意水準 $\alpha = 0.05$ より小さいので有意となる。つまり，データで見るかぎり，催眠薬の睡眠時間の増減効果はなしとはいえず，増加の効果があったということになる。

表 11.3　催眠薬の睡眠時間効果
（単位：時間）

被験者	処方後	処方前	差 D_i	符号
1	8.06	7.97	0.09	＋
2	8.27	7.66	0.61	＋
3	8.45	7.59	0.86	＋
4	8.05	8.44	▲0.39	－
5	8.51	8.05	0.46	＋
6	8.14	8.08	0.06	＋
7	8.09	8.09	0	＊なし
8	8.15	8.15	0	＊なし
9	8.16	8.16	0	＊なし
10	8.42	8.42	0	＊なし
Σ	82.3	80.61		
μ	8.23	8.061		
σ	0.163	0.261		
σ^2	0.026	0.068		

3. 平均値の差の検定

平均値の差の検定を行う場合，母分散 σ^2 が既知の場合と未知の場合に分けて考える必要がある。用いる分布が異るからである。

(1) 母分散 σ^2 が既知の場合

母平均が μ_1, μ_2, 母分散が σ_1, σ_2 の 2 つの母集団からそれぞれ n_1, n_2 のサンプルを抽出したところ，標本平均が $\bar{x}_1$, $\bar{x}_2$ であった。

いま，サンプルサイズ n_1, n_2 を大きくすると 2 つの標本平均の母集団は次のような正規分布に従っていると考えられる。

$$\bar{X}_1 \sim N(\mu_1, \sigma_1^2/n_1)$$
$$\bar{X}_2 \sim N(\mu_2, \sigma_2^2/n_2)$$

このとき，標本平均の差 $\bar{x}_1 - \bar{x}_2$ も近似的に平均 $\mu_1 - \mu_2$，分散 $\sigma_1^2/n_1 + \sigma_2^2/n_2$ の正規分布に従う。したがって，

$$z_0 = \frac{(\bar{x}_1 - \bar{x}_2) - (\mu_1 - \mu_2)}{\sqrt{\dfrac{\sigma_1^2}{n_1} + \dfrac{\sigma_2^2}{n_2}}} \quad \sim \quad N(0, 1) \tag{11.1}$$

〔例題〕

いま，2 つのメーカーのシェーバー用のリチウム電池の寿命が異なっているかどうかを検定してみよう。ある期間に生産された M 社と S 社のリチウム電池の寿命を調べたところ，M 社の電池は $n_1 = 200$，$\mu_1 = 90$ 日，標準偏差 $\sigma_1 = 10$ で，S 社の電池は $n_2 = 180$，$\mu_2 = 89$ 日，標準偏差 $\sigma_2 = 7$ であった。この結果から，この期間につくられた 2 社のリチウム電池の寿命に差があるか否かを検定してみよう。(標準正規分布表の読み取り方は，p.145 および pp.170-171 を参照のこと。)

帰無仮説 H_0 と対立仮説 H_1 は下記のようになる。

帰無仮説 $H_0: \mu_1 = \mu_2$ 　あるいは，$\mu_1 - \mu_2 = 0$

対立仮説 $H_1: \mu_1 \neq \mu_2$ 　あるいは　$\mu_1 - \mu_2 \neq 0$

このときも，棄却域 R は分布の左右両端に設定されるので，両側検定となる。有意水準を $\alpha = 0.05$ とする。標準正規分布表（付表 1）より $\alpha/2 = 0.025$ を探すと棄

却値は 1.96 となる。

帰無仮説の下での z 値は，

$$z_0 = \frac{(\bar{x}_1 - \bar{x}_2) - (\mu_1 - \mu_2)}{\sqrt{\sigma_1^2/n_1 + \sigma_2^2/n_2}} = \frac{(90 - 89) - 0}{\sqrt{10^2/200 + 7^2/180}} = \frac{1}{\sqrt{0.500 + 0.272}} = 1.138$$

$\therefore z_0 = 1.138$（< 1.96）となり，有意ではなく，帰無仮説 H_0 は保持される。つまり，このデータでみる限り，2 つのメーカーのシェーバー用のリチウム電池の寿命に差があるとはいえない。

(2) 母分散 σ^2 が未知で母分散が等しいとする場合

この場合には，未知の分散を標本分散から推定し，(11.2) 式の t 統計量を用いればよい。スチューデントの t 分布の利用となる。

$$t_0 = \frac{(\bar{x}_1 - \bar{x}_2) - (\mu_1 - \mu_2)}{\sqrt{\dfrac{(n_1 - 1)s_1^2 + (n_2 - 1)s_2^2}{n_1 + n_2 - 2}\left(\dfrac{1}{n_1} + \dfrac{1}{n_2}\right)}} \tag{11.2}$$

は，自由度 $n_1 + n_2 - 2$ の t 分布に従う。

(3) 母分散 σ^2 が未知で母分散が等しくない場合

この場合には，t 統計量

$$t = \frac{\bar{x}_1 - \bar{x}_2}{\sqrt{\dfrac{s_1^2}{n_1} + \dfrac{s_2^2}{n_2}}} \tag{11.3}$$

が，自由度 $m = \dfrac{1}{\dfrac{c^2}{n_1 - 1} + \dfrac{1 - c^2}{n_2 - 1}}$ の t 分布に従うことを利用すればよい。

ただし，$c = \dfrac{s_1^2/n_1}{s_1^2/n_1 + s_2^2/n_2}$ である。

自由度 m が整数にならない場合には，自由度 m を超えない最大の整数を自由度 m として用いる。**Aspin-Welch**（アスピン・ウエルチ）の**検定**である。

(4) 対応する2組のデータの平均値の差の検定

$$t = \frac{|\overline{d}|}{s_d/\sqrt{n}}$$

(11.4)

を利用すればよい。

〔例題〕

いま，血糖値を下げるとされる運動の効果を検定してみよう。血糖値は73〜109の間に入っているのが良いとされている。いま，ある運動の血糖値を下げる効果を10人の被験者に試してみたところ，表11.4のような結果が出た。

表11.4　対応のある2標本 t 検定

被験者	運動前	運動後	差 d_i （運動前－運動後）	差 d_i^2
A	120	114	6	36
B	105	100	5	25
C	109	104	5	25
D	114	109	5	25
E	130	118	12	144
F	111	106	5	25
G	124	120	4	16
H	116	114	2	4
I	117	111	6	36
J	134	128	6	36
			平均 $\overline{d} = 5.6$	$\Sigma d_i^2 = 372$

この運動に効果があるか否かを t 分布を用いて検定してみよう。$\alpha = 0.05$ での左片側検定となる。

差 d_i の分散 s_d^2 は，

$$s_d^2 = \underline{1/9} \times \{(120-114)^2 + (105-100)^2 + (109-104)^2 + (114-109)^2 + (130-118)^2$$
$$+ (111-106)^2 + (124-120)^2 + (116-114)^2 + (117-111)^2 + (134-128)^2\}$$
$$= 37.2$$

$$\therefore t = \frac{5.6}{\sqrt{37.2}/\sqrt{10}} = 2.903$$

　自由度 9，$\alpha = 0.05$ での左片側検定の t 値は 1.833（付表 3）なので，有意となり，この運動は効果がないとはいえないということになる。

4.　母比率に関する検定

　母比率 p とは母集団におけるある属性をもった数値の全体数 N に占める割合のことである。

　さて，いま，ある薬の効果についてのメーカーの主張が正しいか否かを検定したい場合には，次の（11.5）式で定義される z 統計量が標準正規分布 $N(0,1)$ に従うことを利用して検定すればよい。

$$Z_p = \frac{\hat{P} - P}{\sqrt{pq/n}} \qquad (11.5)$$

　ある新薬には効果があり，従来の薬では 60.0% の患者が治るとされているが，メーカーはこの薬を服用すれば 65.0% の患者が治ると主張している。そこで，以下の 2 つの仮説を立て，検定してみよう。$n = 100$ とする。

　　帰無仮説 H_0：$p_0 = 0.60$

　　対立仮説 H_1：$p_0 < 0.60$（$= p_1$）

$\alpha = 0.05$ での右片側検定となる。

（11.5）式より，

$$Z_p = \frac{0.65 - 0.6}{\sqrt{0.6 \times 0.4/100}} = 1.02$$

標準正規分布表（付表 1）より $\alpha = 0.05$ のときの z 値は $z = 1.645$ なので有意でなく，メーカー側の主張はデータでみる限り採択されない。

5.　比率の差の検定

　2 つの薬品の効果の差，ある製品の地域別の売上の差，新旧生産方法の差，良品発生率の相違などについて，比率を用いて検定することがある。このようなと

きには，平均値の差の検定と同様，比率の差を変数として検定を行えばよい。

2つの母集団の母比率を p_1, p_2 とする。また，これらの母集団からランダムにサンプルサイズ n_1, n_2 のサンプルをとり，その標本比率が $\hat{p}_1$, $\hat{p}_2$ になったとする。

このとき，標本比率の差 $\hat{p}_1 - \hat{p}_2$ は，n が大きくなるにつれ，

平均 $\quad \hat{p}_1 - \hat{p}_2$

分散 $\quad \dfrac{p_1(1-p_1)}{n_1} + \dfrac{p_2(1-p_2)}{n_2}$

の正規分布に従う。

したがって，

$$z = \frac{\hat{p}_1 - \hat{p}_2}{\sqrt{\hat{p}_1(1-\hat{p}_1)/n_1 + \hat{p}_2(1-\hat{p}_2)/n_2}} \quad \sim \quad N(0,1) \tag{11.6}$$

ただし，比率の差の検定においては，

帰無仮説 $H_0 : p_1 = p_2$ あるいは，$p_1 - p_2 = 0$

対立仮説 $H_1 : p_1 \neq p_2$ あるいは $p_1 - p_2 \neq 0$

と設定されるが，帰無仮説の下では，$p_1 = p_2$ であるから，

$$\hat{p} = \frac{n_1 \hat{p}_1 + n_2 \hat{p}_2}{n_1 + n_2} \tag{11.7}$$

が使えるので，

$$z = \frac{\hat{p}_1 - \hat{p}_2}{\sqrt{\hat{p}\hat{q}(1/n_1 + 1/n_2)}} \quad \sim \quad N(0,1) \tag{11.8}$$

これを用いて，検定すればよい。（ここで，$\hat{q} = 1 - \hat{p}$）

〔例題〕

2つの薬 A，B があり，それらの薬効に差があるか否かを検定してみよう。

表11.5 比率の差の検定

	効果あり	効果なし	計
薬品 A	60	40	100
薬品 B	50	50	100

表 11.5 並びに（11.7）式から，

$$\hat{p} = (100 \times 0.6 + 100 \times 0.5)/200 = 0.5$$

また，（11.8）式から　$z = (0.6 - 0.5)/\sqrt{0.5 \times 0.5 \,(1/100 + 1/100)}$
$$= 2.0$$

標準正規分布表（付表 1）より $\alpha = 0.05$ のときの両側検定の z 値は $z = 1.96$ なので，有意となり，帰無仮説は棄却され，2 つの薬 A，B 間に薬効の差がないとはいえないということになる。

6.　適合度の検定―χ^2 検定

χ^2 検定量は，観測度数その周辺分布とデータ総数を変えずに得られる期待度数（理論度数）との差の二乗和を期待度数で割った値の和で定義される。（11.9）式を用いた χ^2 値が自由度 $(m-1) \times (n-1)$ の χ^2 分布に従うことを利用して χ^2 検定を行う。

$$x^2 = \sum_{t=1}^{m} \sum_{j=1}^{n} \left\{ \frac{(O_{ij} - E_{ij})^2}{E_{ij}} \right\} \tag{11.9}$$

この検定は，表 6.1 の $m \times n$ の分割表にも拡張される。

また，2×2 の分割表の場合には，連続型への補正である**イェーツの補正 Yates correction** を行った χ^2 検定を行う。

$$x^2 = \sum_{t=1}^{m} \sum_{j=1}^{n} \left\{ \frac{(|O_{ij} - E_{ij}| - 0.5)^2}{E_{ij}} \right\} \tag{11.10}$$

データがある理論分布に一致するか否かの検定も使われる。この検定は，**適合度の検定 Test for goodness of fit** と呼ばれる。

〔例題〕

いま，あるドラッグストアで A から F までの 6 つの異なる液体洗剤を店頭に並べた。表 11.6 は期待度数（E）を 50 と 52 の 2 つのケースに分け，1 週間後の売れ行きを観測度数（O）として示している。

表 11.6　χ^2 検定（適合度の検定）

（ケース 1）

ブランド	O 観測度数	E 期待度数	$O-E$	$(O-E)^2$	$(O-E)^2/E$
A	40	50	−10	100	2
B	35	50	15	225	4.5
C	65	50	15	225	4.5
D	60	50	10	100	2
E	60	50	10	100	2
F	40	50	−10	100	2
Σ	300	300		$\chi_0^2 =$	17

（ケース 2）

ブランド	O 観測度数	E 期待度数	$O-E$	$(O-E)^2$	$(O-E)^2/E$
A	50	52	-2	4	0.077
B	47	52	-5	25	0.481
C	55	52	3	9	0.173
D	60	52	8	64	1.231
E	50	52	-2	4	0.077
F	50	52	-2	4	0.077
Σ	312	312		$\chi_0^2 =$	2.116

　ここで「液体洗剤のブランド間の売れ行きに差がない」を帰無仮説 H_0 とし，「売れ行きに差がある」を対立仮説 H_1 とする。

　ケース 1 では，自由度 5，$\alpha = 0.05$ のときの棄却値は χ^2 値分布表（付表 4）から 11.07 なので $\chi_0^2 = 17 > 11.07$ となり，有意となり，理論分布（期待度数）は棄却される。ブランド間の売れ行きに差がないとはいえない（売れ行きに差がある）ということになる。

　しかし，ケース 2 では，自由度 5，$\alpha = 0.05$ のときの棄却値はやはり 11.07 なので $\chi_0^2 = 2.116 < 11.07$ となり，有意でなく，理論分布（期待度数）は棄却されず，ブランド間に売れ行きの差がないという帰無仮説 H_0 は保持される。今後の仕入れについての参考になるかもしれない。

7.　独立性の検定—χ^2 検定

　2×2 の分割表における 2 つのカテゴリー間の独立性を検定する場合には，

χ^2分布を用いたχ^2検定が利用できる。

少し古い例になるが，アメリカ刑法の分野で犯罪予測においてχ^2分布を利用した研究者にシェルドン・グリュック（S. Glueck）とエレノア・グリュック（E. Glueck）夫妻がいる。1959年当時の著書の例題ではχ^2値の計算式を（11.11）式のように定義している（表11.7 参照）。

$$\chi^2 = \frac{(bc - ad)^2 k}{efgh} \qquad (11.11)$$

表11.7　χ^2検定（独立性の検定）

	カテゴリー1	カテゴリー2	計
カテゴリー3	a	c	e
カテゴリー4	b	d	f
計	g	h	k

〔例題〕

今，人口密度が高低異なる地域と交通事故数の多寡の件数を調べたデータ（架空データ）が表11.8 である。

表11.8　χ^2検定（独立性検定）

	低人口密度	高人口密度	計
交通事故件数多	7	143	150
交通事故件数少	14	108	122
計	21	251	272

人口密度の高低と交通事故数の多寡が独立であるか否かを検定してみる。

帰無仮説 H_0：人口密度の高低と交通事故数の多寡は独立である

対立仮説 H_1：人口密度の高低と交通事故数の多寡は独立でない

（11.11）式より，　$\chi^2 = \dfrac{(14 \times 143 - 7 \times 108)^2\, 272}{150 \times 122 \times 21 \times 251} = 4.378$

自由度 m は $n-1=1$ となるので，χ^2分布表（付表4）より，$\alpha = 0.05$ のときの棄却値は3.84となるので，有意となる。すなわち，データで見る限り，人口密度の高低と交通事故数の多寡は独立でない，すなわち，関係があるということになる。

8. 相関係数の検定

相関係数 r は 2 変数間の線形な関係の強さの測度であるが，データがあれば，相関係数 r は計算可能である。$r=0$ は，データ間に相関関係がない（無相関）ことを意味する。自分が得たデータが母集団からの標本データであるという前提で，以下を検定すればよい。

帰無仮説 $H_0 : r_0 = 0$

対立仮説 $H_1 : r_0 \neq 0$

〔例題〕

いま，相関係数 r を計算したブラウン管テレビと薄型テレビのデータを使って検定してみる。

この場合は，$t_0 = \dfrac{|r|\sqrt{n-2}}{\sqrt{1-r^2}}$ を利用し，t 検定を行う。

表 11.9 相関係数の t 検定

	ブラウン管テレビ	薄型（液晶，プラズマ等）テレビ
2005 年	97.4	11.5
2006 年	96.2	19.8
2007 年	92.9	29.4
2008 年	88.3	43.9
2009 年	83.5	54.9
2010 年	71.6	69.2
2011 年	47.3	87.9
2012 年	24.5	95.2
2013 年	19.0	96.4

$r = -0.936$（p.106 参照），$\alpha = 0.05$，自由度 $m = 9 - 1 = 8$ なので棄却値は $t = 2.306$（付表 3），帰無仮説 H_0 の下での t 値は，$t_0 = 6.748$（> 2.306）で，$t = 6.748$ の確率値である p 値も，$p = 0.00012$（< 0.05）となり，有意である。$r_0 = 0$ という帰無仮説は棄却され，相関係数 r は 0 ではなく $r = -0.936$ とマイナスなのでブラウン管テレビと薄型（液晶，プラズマ等）テレビの普及率の間には非常に強い逆相関があることがわかる。

9. 分散に関する検定

　分散に関する検定は主に2つの目的で行われる。まず，2つの母集団が等しい分散をもつか否かという等分散の検定—**分散比の検定**とも呼ばれる—である。また，2つ目として，分散が特定の値になっているか否か，すなわち，標本が同じ母集団から抽出されたか否かを検定するものである。以下，これらの検定を簡単に紹介しておく。

(1) 等分散（分散比）の検定

　2つの正規母集団 $N_1(\mu_1, \sigma_1{}^2)$，$N_2(\mu_2, \sigma_2{}^2)$ から，それぞれ独立に，n_1，n_2 の標本をとり，その平均を $\bar{x}_1$，$\bar{x}_2$ とする。このとき，2つの正規母集団からとられた標本により，母集団の分散が等しい（＝等分散）か否かを検定してみよう。有意水準 $\alpha = 0.05$ とする。

　　　帰無仮説 $H_0 : \sigma_1{}^2 = \sigma_2{}^2$

　　　対立仮説 $H_1 : \sigma_1{}^2 \neq \sigma_2{}^2$

とすると，統計量 $F = v_1 / v_2$ が自由度 $m_1 = n_1 - 1$，$m_2 = n_2 - 1$ の F 分布に従うことを利用する。

　ここで，$v_1 = \displaystyle\sum_{i=1}^{n_1} (x_{1i} - \bar{x}_1)^2 / m_1$，$v_2 = \displaystyle\sum_{i=1}^{n_2} (x_{2i} - \bar{x}_2)^2 / m_2$

　巻末にある $\alpha = 0.05$ の F 分布表（付表5）から自由度 m_1，m_2 の $F_{m_2}^{m_1}$ 値を読み取り，標本から得られた F 値が棄却域に入れば 5% 水準で有意となり，帰無仮説 H_0 は棄却される。

〔例題〕

　いま，ある昆虫を A，B の2群に分け，ある学習をさせ，その後，A 群には「運動」をさせ，B 群には「睡眠（＝昆虫催眠）」させ，その後，同じ学習をさせたところ，各グループで学習を記憶していた昆虫の数が**表11.10**のように出た。このとき，学習後の，「運動」と「睡眠」の記憶に与える影響は違いがあるといえるか検定してみよう。有意水準 $\alpha = 0.05$ とする。

表 11.10　等分散（分散比）に関する検定

グループ	平均 μ	標本分散 s^2	n サンプル数
A	5	0.060	23
B	7	0.130	25

　グループ A の標本分散を SSA，グループ B の標本分数を SSB とすると，SSA = 0.060 ＞ 0.120 = SSB であるから，F 値を 1 より大きくするために，F = SSB/SSA とすると，F = 2.167，F 分布表より α = 0.05，m_1 = 24，m_2 = 22 のときの棄却値 F_{24}^{22} は 2.028 となり有意水準 α = 0.05 で有意となる。したがって，学習後に「睡眠（＝昆虫催眠）」をとった方が，「運動」するよりも記憶に残るということになる。これは架空のデータであるが，このテーマは，第二次世界大戦前から研究され続けているが，結論は出ていない。南博『学者渡世─心理学とわたくし』（文藝春秋社，1985 年）を参照されたい。

(2) 母分散に関する検定

　大きさ n の標本から分散を求め，標本が同じ母集団から抽出されたものであるか否かを検定する母分散に関する検定である。有意水準 α = 0.05 とする。

　　帰無仮説 $H_0 : \sigma^2 = \sigma_0^2$

　　対立仮説 $H_1 : \sigma^2 \neq \sigma_0^2$

とすると，帰無仮説の下で，$\Sigma (x_i - \bar{x})^2 / \sigma_0^2$ は，自由度 $m = n - 1$ の χ^2 分布に従うことを利用する。

　標本結果から，

$$\chi^2 = \frac{s^2}{\sigma_0^2} = \frac{\Sigma(x_i - \bar{x})^2}{\sigma_0^2} \tag{11.12}$$

を求め，この値と χ^2 分布表から，自由度 $m = n - 1$，有意水準 α = 0.05 の χ^2 値（境界値）を読み取り，標本から得られた χ^2 値が棄却域に入れば 5% 水準で有意となり，帰無仮説 H_0 は棄却される。

10. 対応がない場合のウィルコクソンの順位和検定

　正規分布を前提にできない場合，分布の中心は算術平均からずれる。2 群の分布に違いがあるか否かを検定する場合，2 群の中心位置にずれがあるか否かを検定するのであるが，この場合，中心として中央値 M_D を用いるのがよい。データを 50% に分ける点でわかりやすく，また外れ値の影響も受けにくいからである（図 11.5 参照）。

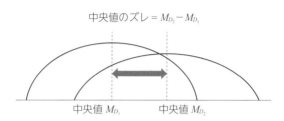

図 11.5　中央値のズレの有無に関するイメージ図

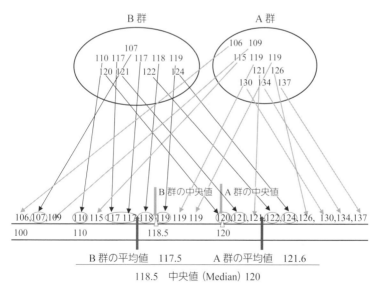

図 11.6　2 つの集団の順位をとる意味

中央値の差 $M_{D_2} - M_{D_1}$ を検定する場合，2 群の標本データ集団を一つにして
その順位をとることになる。その意味を図 11.6 を用いて説明しよう。

もともとのデータは，A 群，B 群とも 10 本ずつでそれぞれの楕円の中に示
され，2 群データを一つにした後の図の横軸にはデータが大きさの順（昇順）に
示されている。

このように昇順にデータを並べた場合，もし 2 つの標本集団間に差（ズレ）が
なければ，両群のデータは偏りなく，同じように―言わば，交互に―並ぶはず
である。しかし，この場合，B 群のデータを楕円（◯）で示したが，107 は単
独，110〜119 までに 5 本，120〜124 までに 4 本と集中し，必ずしも均等に分
散していない。このズレを検定するのがノンパラメトリック法の役割となる。

対応のない場合の 2 群の検定の一つであるが，**ウィルコクソンの順位和検
定 Wilcoxon rank sum test** を用いて例題に取り組んでみよう。

〔例題〕

ケース 1―ハッカオイルの 1 反（300 坪）当たり収量（ℓ）―対応のないケース，
独立のケース―

和製ハッカ（薄荷）の産地北海道北見市にある北見ハッカ通商（株）は北見
ハッカ研究所も創設し，市内の仁頃地区でハッカ栽培，ハッカ油の採取とその
収量の増加に努めている。「北見地方」は 1937 年頃にはハッカの世界市場の
70％以上を生産した歴史をもち，「ハッカ王国」と呼ばれ，**ハッカ御殿**も現存
している。その再現を目指し，同社は，「ハッカ栽培面積」の増反速度を一層
早める努力を怠らない。

ところで，ハッカは沢山の品種があり，品種によりハッカ油の収量も異なる
が，同じ畑で栽培した同じ品種であっても，その収量にはばらつきがでる。い
ま，表 11.11 の A，B 2 つの畑の収量データを用いて，1 反（300 坪）当たりの
収量（ℓ）に差があるか否か検定を行ってみる。帰無仮説は H_0「収量に差がな
い」で，対立仮説 H_1 は「収量に差がある」である。以下は片平・村田（1991），
片平（2017: 152–154）に多くを負っている。

表 11.11　ハッカオイルの 1 反 (300 坪) 当たり収量 (ℓ /300 坪)

A	R_A	B	R_B	$t^3 - t$
127	7.5	107	1	
131	10	108	2	
136	13	117	3.5	同位は 2 つで 6
142	14	117	3.5	
145	15.5	121	5	同位は 2 つで 6
145	15.5	124	6	
146	17	127	7.5	同位は 2 つで 6
152	18	129	9	
153	19	134	11	
160	20	135	12	
$T_m=$	149.5	$Tn=$	60.5	
$\Sigma(t^3-t)$				$\Sigma(t^3-t)=18$

デジタルグラフによる分布表示

A (1 の位)	100 と 10 の 位	B (1 の位)	データ 全体
	10	78	78
	11	67	77
7	12	1479	14779
16	13	45	1469
2556	14		2568
23	15		23
0	16	0	0

(注) 網かけは同順位の場合を示す。T_m, T_n は各群の順位和を示す。

平均値　$E = m(m+n+1)/2$

分散　$V = mn(m+n+1)/2$

カッパ $\kappa = 1 - \dfrac{\Sigma(t^3 - t)}{(m+n-1)(m+n)(m+n+1)}$

を計算し，検定統計量，(11.13) 式に代入する。T_m は T_n でも同じ結果となる。

$$Z_0 = (|T_m - E| - 0.5)/\sqrt{\kappa V} \qquad (11.13)$$

ただし，$Z_0 > 2$ の時は，分子の 0.5 を省略する。

E は，2 群の中心位置に差がない条件での順位和の期待値で，V は，その分散，κ は同位 (のグループ) がある——結びともいう——ことにより分散が小さくなるための修正で，同位がない場合には，$\kappa = 1$ となる。

A，B 両群のデータを昇順に並べ，総データに対し順位付けを行ったものが，R_A と R_B である。同順位のデータがある場合 (網掛け部分) には，順位の中央値を用いる。例えば，7 位のデータ 127 が 2 つある場合には，$(7+8)/2 = 7.5$ というように，127 に対しては 7.5 位をそれぞれに割り振る。加えて，また，同

順位のものが出た場合には，それぞれに対し，同順位のデータの数 t を用いて，$\Sigma(t^3-t)$ を計算する。このケースでは，2 個ずつが 3 ケースあるので $\Sigma(t^3-t)=(2^3-2)+(2^3-2)+(2^3-2)=18$ となる。また，E，V，κ を定義通り，計算すると，$G=T_m+T_n$ より $E=G/2(=105)$，また，$V=1050.0$，$\kappa=0.998$ となるので，これらを (11.13) 式に代入すると，$Z_0=1.359$ となる。標準正規分布表（付表 1）より $\alpha=0.05$ の両側検定の棄却値（z 値）は 1.96 なので有意ではない。また，付表 6 の $m=10$，$n=m$ のケースでは，78〜132 の範囲に T（$T_m=149.5$ あるいは $T_n=60.5$）は含まれず，有意でない。同じハッカ畑でも，収量には差があり，100〜160 ℓ くらいの幅があるということになる。

　また，対応のない代表値の差の検定で用いられる検定には，**マン・ホイットニーの U 検定**があるが，この統計量 U とは，$T_m=U-\dfrac{1}{2}m(m+1)$ という関係があり，本質的に同じものである。

11. 対応がある場合のウィルコクソンの符号付順位和検定

　それでは，対応がある場合はどうだろうか？

　任意の分布に従う対応のある標本 1 と標本 2 の母集団の中央値 m_1，m_2 を比較し，差があるかどうかを有意水準 $\alpha=0.05$ で検定する。

　　　帰無仮説 $H_0 : m_1=m_2$　　中央値に差がない
　　　対立仮説 $H_1 : m_1 \neq m_2$　　中央値に差がある
の両側検定となる。以下は片平・村田（1991）に多くを負っている。

　対応する各標本の差について，0 を除いて |(絶対値)| の小さい順に順位を付け，差の正負で 2 群に分ける。ただし，同数値の場合は，順位平均を取る。例えば，5 位が 2 つある場合は，両方 (5+6)/2=5.5 とする。各群のデータ数を m，$n(N=m+n)$，順位和を T_m，T_n とし，順位和の小さい方を T_0 とする。

　　　　期待値　$E=n(n+1)/4$
　　　　分散　　$V=n(n+1)(2n+1)/24$
　　　　カッパ　$\kappa=1-\dfrac{\Sigma(t^3-t)}{2n(n+1)(2n+1)}$

これらを用いて，下記のZ_0を計算し，正規検定を行う。

$$Z_0 = |T_0 - E| / \sqrt{\kappa V} \tag{11.14}$$

ここでの，E，V，κ は対応のない場合のウィルコクソンの順位和検定における定義と異なっていることに注意が必要である。

注意すべき点は，対応のある2標本のケースとは，実は，1標本（$N = 1$）のケースとなることである。そのため，**ウィルコクソンの1標本検定**とも呼ばれる。

以下の例題で検定を行ってみる。

〔例題〕

中性脂肪は，30〜149mg/dl の間に含まれるのが健常であるとされている。いま，中性脂肪を減少させる効果があるという薬を8人の被験者に服用してもらい，その前後の中性脂肪の数値を示しているのが**表11.12**であり，これは対応のある2標本のケースを示している。

順位和T_0は，$T_1(+)$は$7 (= 3 + 4)$，$T_2(-)$は$29 (= 1 + 2 + 5 + 6 + 7 + 8)$なので，**小さい方をとる**ので，$T_0 = 7$となる。このとき，$E = 18.0$，$V = 51.0$となる。

中央値に差がなければ，$(+)(-)$のデータが同数出現するはずであり，薬効がないということになる。この場合，**表11.12**の差の列からマイナスの結果

表11.12　対応のある2標本のケース

（ウィルコクソンの1標本検定）

データ n	後	前	差	差の絶対値	順位
1	185	196	▲11	11	2
2	202	173	29	29	4
3	120	231	▲111	111	8
4	183	257	▲74	74	6
5	304	314	▲10	10	1
6	217	205	12	12	3
7	90	180	▲90	90	7
8	142	196	▲54	54	5

が6と（＋）の結果2より多く出てはいるが，中央値に差がないといえるか検定してみる。「帰無仮説 H_0 は中央値が等しい」「対立仮説 H_1 は中央値が等しくない」という**両側検定**となるが z 値は，

$$|Z_T| = 1.542$$

となる。有意水準 $\alpha = 0.05$ のときの z 値は，1.96（付表1）なので，有意でなく，「中央値が等しい」という主張は棄却できない（中央値に差があるとはいえない）ということになり，このデータで見る限り，中性脂肪を下げるという薬効は確認できないということになる。T 値を用いた検定でも付表7の $m = 8$ の両側検定の T 値の限界値は3なので $T_0 = 7 > 3$ となり有意でない。

12. クラスカル＝ウォリス検定

順位を用いたノンパラメトリック検定の一つで，対応のない3つ以上のグループ（多群）間の差の有無を調べたいときに，平均値が等しいという仮説を立て，それぞれの母集団から独立にとったデータに基づいて検定を行うのが，**クラスカル＝ウォリス検定 Kruskal-Wallis test** で，**H 検定**ともいう。データ分布の正規性を前提としない検定である。

k 群のデータをひとまとめにして小さいデータから昇順に順位を付け，同順位の場合は該当する順位の平均値を割り当てる。

また，群ごとに順位和 R_i を求め，この R_i と各群のサンプルサイズ n_i を用いて**クラスカル＝ウォリス検定量 H** を計算する。N は全データ数。

H が近似的に自由度 $k-1$ の χ^2 分布にしたがうことを使って，**χ^2 検定**を行う。

〔例題〕リハビリ効果の評価の検定

いまある言語聴覚上の疾患のある患者A，B，C 3群に対し，同じ内容のリハビリを行い，その効果を5段階で評価したところ，**表11.13** のような結果を得た。このとき，患者群でリハビリの効果に差があるか否かを，$\alpha = 0.05$ で検定してみる。

表11.13 リハビリ効果の評価の検定

A	B	C
3	5	1
2	4	2
4	3	3
3	3	2
3	4	1
2	3	2
4	5	3
3	5	2
3	4	3
3		3

表11.14　分割表

効果	1	2	3	4	5
A	0	2	6	2	0
B	0	0	3	3	3
C	2	4	4	0	0

デジタルグラフでの分布表示　　　　順位値

1	11			1.5
2	22222	2		5.5
3	33333	33333	333	15
4	44444			24
5	555			28

表11.15　クラスカル・ウォリスの検定結果（χ^2分布の利用）

	データ数	順位和	平均順位
A	10	149	14.9
B	9	201	22.3
C	10	85	8.5

$$H = \frac{12}{N(N+1)} \sum_{i=1}^{k} \frac{R_i^2}{n_i} - 3(N+1) \qquad (11.15)$$

ここに，R_i は，各水準毎の順位を示す。

3群なので自由度は2，グループ数は5，同順位の数も5である。

このとき，H 値 = 12.505 となり，χ^2 分布表（付表4）より自由度2のときの χ^2 値は 5.99 なので $H = 12.505 > 5.99$ で有意となる。

以上より，データで見る限り，言語聴覚上の疾患のある患者に患者群 A，B，C の3群でリハビリの効果に差がないとはいえないということになる。

13. マクネマー検定

対応のある2群（ペア）データは2×2の分割表の形で表せる。このとき，行和，列和という周辺和の一致について検定する場合には，マクネマー McNemar検定（符号検定）を用いる。表11.16は，症例やカルテ等の事例学

習の有無と正確な診断 (最終治験) との関係をクロスさせた表である。

表 11.16　症例・カルテ等の事例学習の有無と正確な診断 (最終治験) の有無

	正確な最終治験 (正＋)		正確な最終治験 (誤－)		合計
症例・カルテ等の事例学習 (有り＋)	a	53	b	2	55
症例・カルテ等の事例学習 (無し－)	c	10	d	30	40
合　計	63		32		95

表中のセル $b = 2$, $c = 10$ の値を用いると,

$$\chi_0^2 = (|b - c| - 1)^2 / (b + c) = 4.083$$

また, 棄却値は χ^2 分布表 (付表4) より $\alpha = 0.05$, 自由度1のときは, 3.84 となるので有意水準 $\alpha = 0.05$ で有意となる。

症例・カルテ等の事例学習の有無は正確な診断 (最終治験) と無関係ではなく事例学習は正確な診断につながる可能性が高いということになる。

14.　フリードマン検定

3群以上の多群で, 対応のあるケースで, 関連性の検定を行う場合, **フリードマン検定 Friedman's test** が用いられる。フリードマン検定は, ノンパラメトリック検定の一つで, 対応のある3群以上の多群の差を検定する。個体ごと (各行) にデータの順位付けを行い, 群 (各列) ごとに順位和 R_i を求めて検定統計量の計算に用いる。

〔例題〕

いま, ある自然災害の原因としては, A素因, B被害必須要因, C被害拡大要因の3つがあり, A素因ではなく, B被害必須要因やC被害拡大要因を考慮に入れるほど, 人災的側面が強くなることがわかる。実際, 個別の自然災害については, 評価者 (専門家) が1, 3, 5の3段階の評価を行い, 数値が大きいほど, 原因として評価するものとする。ある災害についての評価結果は,

表11.17のようになり，評価者により見立てが異なった。

表11.17　自然災害の評価（「天災」⇔「人災」）（仮想データ）

評価者＼要因	A. 素因	B. 必須要因	C. 拡大要因
1	3	1	2
2	2	1	3
3	3	1	2
4	2	1	3
5	3	1	2
6	3	1	2
7	3	1	2
8	2	1	3
9	3	1	2
10	1	2	3
順位の計 ΣR_i	25	11	24
順位の二乗 R_i^2	625	121	576

$$\chi^2_r = 12 \frac{\Sigma R_i^2}{rc(c+1)} - 3r(c+1) \tag{11.16}$$

　群（評価者）の数を r，群内のデータ数を c とすると，フリードマン検定の統計検定量は自由度 $c-1$ の χ^2 分布に従う。r，c は，表11.17の行，列の数を示すので，$r=10$，$c=3$ となる。また，$\Sigma R_i^2 = 25^2 + 11^2 + 24^2 = 1322$ なので（11.15）式より，

$$\chi^2 = \frac{12}{10 \times 3 \times (3+1)} \times 1322 - 3 \times 10 \times (3+1) = 12.2$$

となり，自由度2，$\alpha = 0.05$ の χ^2 値（付表4）が5.99なので有意。

　フリードマン検定の結果，評価者により有意な差があり，この自然災害は「天災」であるとはいえないということになる。

15. コクランのQ検定

　コクランのQ検定はノンパラメトリック検定の一つで，0か1の値で対応のある k 群（$k \geq 3$）のデータにおいて，群間の比率の差の検定を行うもので，

マクネマー検定（対応のある2群の比率の差の検定）を拡張した検定方法である。
(11.17) 式で定義されるコクランの Q 値を計算し，Q が自由度 $k-1$ の χ^2 分布に従うことを利用して検定を行う。

〔例題〕

いま，あるウイルスの飛沫について距離との関係の有無を検定してみよう。
「距離とウイルスの飛沫距離は無関係である」という帰無仮説 H_0 を立て検定を行う。

距離 ℓ は，$0 < \ell \leq 2$，$2 < \ell \leq 5$，$5 < \ell$ の3つのケースに分ける。0：届かない，1：届くことを意味している（表11.18 参照）。

表 11.18　ウイルスの飛沫と距離との関係の有無の検定

被験者	$0 < x \leq 2$	$2 < x \leq 5$	$5 < x$	R_j	R_j^2
1	0	0	0	0	0
2	0	0	0	0	0
3	0	0	0	0	0
4	1	0	0	1	1
5	1	0	0	1	1
6	1	0	0	1	1
7	1	0	0	1	1
8	1	0	0	1	1
9	1	0	0	1	1
10	1	1	0	2	4
11	1	1	0	2	4
12	1	1	0	2	4
13	1	1	0	2	4
14	1	1	1	3	9
15	1	1	1	3	9

検定の結果は下記の通りである。

表 11.19　ウイルスの飛沫と距離との関係の結果

	$0 < x \leq 2$	$2 < x \leq 5$	$5 < x$	行和
ΣC_i	12	6	2	20
ΣC_i^2	144	36	4	184
ΣR_j	20			
ΣR_j^2	40			

$$Q = \frac{(k-1)\{k\Sigma C_i^2 - (\Sigma C_i)^2\}}{k\Sigma R_j - \Sigma R_j^2} \tag{11.17}$$

Q が有意水準 $\alpha = 0.05$ で，自由度 m が $k-1$ のときの χ^2 値（棄却値）よりも大きければ有意となる。

$$Q = 2 \times (3 \times 184 - 20^2)/(3 \times 20 - 40) = 15.2$$

棄却値は，χ^2 分布表（付表 4）から $\alpha = 0.05$，自由度 2 の χ^2 値は 5.99 となるので，有意である。「距離とウイルスの飛沫は無関係である」という帰無仮説 H_0 は棄却される。

5 分散分析

分散分析 Analysis of Variance, ANOVA は，実験，観察，測定などにより得られたデータで，事象（結果）に影響を与えると思われる偶然を含む**因子 factor**の結果に対する量的貢献，すなわちその寄与について分析するものである。

1 因子のみを考える場合には，**一元配置法**，2 つの因子について考える場合には**二元配置法**という。一般化すれば，**実験配置法**と呼ばれ，全体としての方法・手順は**実験計画法**と呼ばれる。

いま，表 11.20 のデータに対し，ある因子にのみ着目し，その因子による変動と誤差による変動は因子による級間変動，データの誤差による級内変動，そして全体の変動の関係と見なせる。また，算術平均を基準に考えると，全体の変動は個々の値 x_i と総平均 $\bar{x}$ の差の二乗和として捉えることができる。

表11.20 観測値における標本の平均と全測定値の平均の関係

x_{11}	x_{12}	$\cdots$	x_{1j}	$\cdots$	x_{1n}	$\bar{x}_1$
x_{21}	x_{22}	$\cdots$	x_{2j}	$\cdots$	x_{2n}	$\bar{x}_2$
$\vdots$	$\vdots$		$\vdots$		$\vdots$	$\vdots$
x_{i1}	x_{i2}	$\cdots$	x_{ij}	$\cdots$	x_{in}	$\bar{x}_i$ 標本の平均
$\vdots$	$\vdots$		$\vdots$		$\vdots$	$\vdots$
x_{m1}	x_{m2}	$\cdots$	x_{mj}	$\cdots$	x_{mn}	$\bar{x}_m$
						$\bar{x}$ 全測定値の平均

表11.21 一元分散分析法

変動因	平方和	自由度	分散の推定値
級間変動	$n\sum\limits_{j=1}^{m}(\bar{x}_j - \bar{x})^2$	$m-1$	$n\sum\limits_{j=1}^{m}\dfrac{(\bar{x}_j - \bar{x})^2}{m-1}$
級内変動	$\sum\limits_{j=1}^{m}\sum\limits_{i=1}^{n}(x_{ij} - \bar{x}_i)^2$	$m(n-1)$	$\sum\limits_{j=1}^{m}\sum\limits_{i=1}^{n}\dfrac{(x_{ij} - \bar{x}_i)^2}{m(n-1)}$
全体変動	$\sum\limits_{j=1}^{m}\sum\limits_{i=1}^{n}(x_{ij} - \bar{x})^2$	$mn-1$	

　その結果，**全体の変動**，因子による**級間変動**，誤差による**級内変動**は表 11.21 のようになる。

　表 11.21 の一元分散分析法を参照されたい。偏差平方和である級間変動を自由度 $m-1$ と級内変動を自由度 $m(n-1)$ で割ると分散になる。

　誤差分散に対する因子分散の比をとると，この比は F 統計量となり，分散比の検定が行える。

　誤差分散と因子分散の比が等しいという帰無仮説 H_0 と異なるという対立仮説を下記のように設定し，

　　　帰無仮説 $H_0 : \sigma_1^2 = \sigma_2^2$

　　　対立仮説 $H_1 : \sigma_1^2 \neq \sigma_2^2$

帰無仮説 H_0 を棄却できれば，因子水準の影響に差があるということになる。

第12章
回帰分析をしてみよう

　回帰分析は**説明変数**（独立変数ともいう）xで**被説明変数**（従属変数ともいう）yを説明するもので，xとyには因果関係が想定されている。この説明変数xが一つの場合には，**単回帰**，2つ以上の複数（$x_i,\ i = 1, 2, 3, \cdots, n$）の場合には，**重回帰**と呼ばれる。

　そもそも**回帰 regression** という考えは，遺伝学者ゴールトン（**Francis Galton**, 1822-1911）が示したもので，彼によれば背の高い親は，背の高い子どもをもつ傾向があり，逆の場合も成り立つというものである。彼は子どもの身長は母集団の平均（同世代の子どもの身長の平均）に近づく傾向があり，その平均はまた，祖先の身長の平均であると考えたのである。

1 | 回帰直線とその意味

線形回帰直線の基本方程式は下記の通りである。

$$\hat{y} = a + bx \tag{12.1}$$

　ここに，$\hat{y}$は**被説明変数**（従属変数）でyの予測値，xは**説明変数**（独立変数）である。

　また，切片aは$x = 0$のときのyの予測値で，この点で回帰直線はy軸と交わる。傾きbは，**回帰係数**で回帰直線の傾きを示し，説明変数xの1単位の変

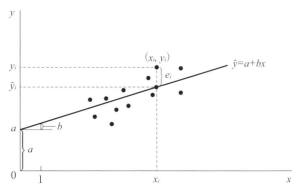

図 12.1　回帰直線と原データとの関係

化に対する y の期待変量を示す。x と y の単位が異なっていても構わないが，回帰式における $\hat{y}$ はあくまでも説明変数 x が 1 単位変化した場合に，平均的に回帰係数 b 倍だけ y を増減させることを示しているのである（図 12.1 参照）。

2 最小二乗法

最小二乗法 least squares method は，（12.1）式で定義される回帰直線 $\hat{y}=a+bx$ を求めるものであるが，切片 a と傾き b を求めるには，観察データの対 (x_i, y_i) が作る n 個の点と $\hat{y}=a+bx$ との y 軸と平行な方向での距離（差）の二乗和が最小になるように a，b を決めるものである。

y の実際の値を y_i，y の回帰推定値を（回帰直線に実際の x_i の値を代入して計算した値）$\hat{y}$ とすると，誤差の平方和 $\varphi(a, b)$ は，

$$\varphi = (a, b) = \Sigma(y_i - \hat{y})^2 = \Sigma[y_i - (a + bx)]^2 \tag{12.2}$$

となる。$\varphi(a, b)$ が極小値をとるためには $\varphi(a, b)$ を a，b について偏微分したものがゼロになることが必要である。この演算を行い，整理すると次式が得られる。

$$na + b\Sigma x_i = \Sigma y_i \tag{12.3}$$

$$a\sum x_i + b\sum x_i^2 = \sum x_i y_i \tag{12.4}$$

これを a, b について解くと，以下となる。

$$a = \frac{\sum x_i^2 \sum y_i - \sum x_i \sum x_i y_i}{n\sum x_i^2 - (\sum x_i)^2} \tag{12.5}$$

$$b = \frac{n\sum x_i y_i - \sum x_i \sum y_i}{n\sum x_i^2 - (\sum x_i)^2} \tag{12.6}$$

3 単回帰分析

それでは，単回帰分析について一つの例を示してみよう。

表 12.1 は，所定内賃金総額 x と自動車普及率 (新車・中古車) y を示している。仮説として，自動車普及率 (新車・中古車) は所定内賃金により決まるとすれば，(12.5)，(12.6) 式から，

$$b = \frac{S_{xy}}{S_x^2}, \quad a = \bar{y} - b\bar{x} \tag{12.7}$$

で求められる。

回帰係数を推定した結果，回帰直線は，

$$y = 0.204x + 21.878$$

となる。x が 1 単位変化するとその係数 b 倍，y が変化するというように解釈するので，この場合には，所定内賃金総額 (千円) が千円増えると，自動車普及率 y は 0.204%上昇するということになる。x, y の平均的な関係であるという点を忘れなければ，理論仮説と同様に，両者の変化方向が同一であること，また，決定係数 R^2 は理論モデル (回帰直線による推定値) による説明力を示すものであるが，$R^2 = 0.953$ となり，x により y の変化の 95.3%を説明しているということになる。

決定係数 R^2 は (12.8) 式のように定義できる。

表 12.1 所定内賃金総額と自動車普及率 (新車・中古車) の推移

年度	y (%)	x (千円／日)	年度	y (%)	x (千円／日)
1976	44.0	131.8			
1977	48.7	144.5	1999	82.5	300.6
1978	51.7	153.9	2000	83.6	302.2
1979	54.6	162.4	2001	85.3	305.8
1980	57.2	173.1	2002	84.4	302.6
1981	58.5	184.1	2003	86.4	302.1
1982	62.0	193.3	2004	86.0	301.6
1983	62.9	199.4	2005	81.6	302.0
1984	64.8	206.5	2006	83.9	301.8
1985	67.4	213.8	2007	83.9	301.1
1986	67.4	220.6	2008	85.1	299.1
1987	70.6	226.2	2009	83.2	294.5
1988	71.9	231.9	2010	83.3	296.2
1989	76.0	241.8	2011	82.7	296.8
1990	77.3	254.7	2012	84.2	297.7
1991	79.5	266.3	2013	84.1	295.7
1992	78.6	275.2	2014	81.0	299.6
1993	80.0	281.1	2015	80.1	304.0
1994	79.7	288.4	2016	81.0	304.0
1995	80.0	291.3	2017	79.1	304.3
1996	80.1	295.6	2018	79.9	306.2
1997	82.6	298.9	2019	79.6	307.7
1998	83.1	299.1			

小数点以下第 1 位で表記。

回帰統計	
決定 R^2	**0.953**

	係数	標準誤差	t	P-値	下限 95%	上限 95%	下限 95.0%	上限 95.0%
切片	21.878	1.861	11.758	0	18.125	25.63	18.125	25.63
x	0.204	0.007	29.418	0	0.19	0.217	0.19	0.217

$$R^2 = \frac{S_y^2 - S_{y \cdot x}^2}{S_y^2} = 1 - \frac{S_{y \cdot x}^2}{S_y^2} \qquad (0 \leq R^2 \leq 1) \tag{12.8}$$

ここで,
$$S_{yx}^2 = \frac{1}{n} \Sigma \{ y_i - (a + bx_i) \}^2$$

$$S_y^2 = \frac{1}{n} \Sigma (y_i - \bar{y})^2$$

また，より重要なことは，x の係数 b，この場合，0.204 が 0 であるのかないのかである。統計的検定論がここで力を発揮する。この理解が不十分な場合，係数 b が 0，つまり x が y を決める原因となる独立変数として疑わしいのに，それを無視して理論仮説に拘泥したり，さらには，誤った回帰分析結果を用いて，分析に用いたデータの期間外—未来や過去—の予想・推測に用いたりするのは，統計学的には誤りとなる。

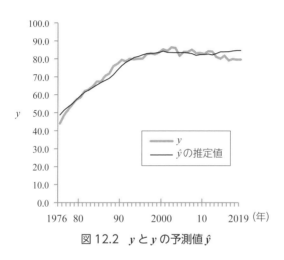

図 12.2　y と y の予測値 $\hat{y}$

4 ┃ 重回帰分析

　単回帰の場合には，(x, y) 平面上の n 個の点に集合に対して直線を当てはめたが，重回帰分析の場合は，$(x_1, x_2, \cdots , x_{k-1}, x_k, y)$ という $(k + 1)$ 次元空間を想定することになる。

　予測値 $\hat{y}$ は (12.9) 式にあるような**重回帰式 Multiple regression equation** によって表される。

$$y = a + b_1 x_1 + b_2 x_2 + b_3 x_3 \cdots + b_k x_k \qquad (12.9)$$

このときの予測値 $\hat{y}$ と実測値 y との差である予測誤差の平方和が最小になる

ように，単回帰と同様，最小二乗法を用い，$a, b_1, b_2, b_3, \cdots, b_k$ を求める。

これらの係数は，$(x_1, x_2, \cdots, x_k)$ の分散共分散行列 (V) と Y と $(x_1, x_2, \cdots, x_k)$ の共分散行列 S により求めることができる。

回帰係数 b_n が決まると，定数項 a は，以下となる。

$$a = \bar{y} - (b_1 \bar{x}_1 + b_2 \bar{x}_2 \cdots + b_k \bar{x}_k) \tag{12.10}$$

〔例題〕

表 12.2 のデータを用いて，回帰係数と定数項を求めてみよう。

表 12.2　薄型テレビとブラウン管テレビの普及率と所定内給与伸び率の推移

年別	薄型 TV	所定内給与伸び率（%）	ブラウン管
2005	11.5	▲ 0.1	97.4
2006	19.8	▲ 0.2	96.2
2007	29.4	▲ 0.7	92.9
2008	43.9	▲ 1.5	88.3
2009	54.9	0.6	83.5
2010	69.2	0.2	71.6
2011	87.9	0.3	47.3
2012	95.2	▲ 0.7	24.5
2013	96.4	1.3	19.0

（出所）総務省『貯蓄動向調査』各年 3 月版

回帰統計	
重相関 R	0.936
重決定 R^2	0.877
補正 R^2	0.835
標準誤差 SE	13.224
観測数 n	9

	係数	標準誤差	t	P-値
切片	124.286	12.088	10.282	0.000
x_1 所定内給与伸び率（%）	0.332	6.274	0.053	0.960
x_2 ブラウン管	▲0.983	0.166	▲5.906	0.001

結果は，$y = 124.286 + 0.332 x_1 - 0.983 x_2$ である。重回帰の場合も，単回帰と同様の解釈でよい。

決定係数 R^2 は 0.877 となり，これは，所定内給与伸び率 x_1 とブラウン管型テレビの普及率 x_2 という 2 つの変数で薄型テレビの普及率 y の 87.7％が説明できることを示している。

また，$y = 124.286 + 0.332x_1 - 0.983x_2$ の各係数から，薄型テレビの普及率は，所定内給与の伸び率が1％上昇すると0.332％上昇し，ブラウン管型テレビの普及率が1％低下すると，0.983％上昇するというものである。

各変数 x_1, x_2 の係数が b_1, b_2 がゼロとならないこと，すなわち $H_0 : b_i = 0$ $(i = 1, 2)$ を $H_1 : b_i \neq 0$ $(i = 1, 2)$ に対して**両側検定**を行う必要がある。

この場合，有意水準 $\alpha = 0.05$，自由度 $n - 1 = 8$ なので t 分布表（付表3）より t 値は2.306。ブラウン管型テレビの普及率は $|-5.906| > t_{0.05}(8) = 2.306$ で有意となり，説明変数としては適切であるということになる。他方で所定内給与伸び率は，$|0.053| < t_{0.05}(8) = 2.306$ で有意でなく，棄却され，説明変数としては適切でないということになる。

5 │ 重回帰分析と統計的検定

重回帰分析の場合にも，説明変数（母集団における偏回帰係数）x_i の有意性について検証することが必要である。近年は，エクセル統計やSPSSなどの便利なソフトがその内容も含め，充実してきており，実証分析に取り組む人も増えているが，**モデル全体の有効性を考える**という視点が希薄になってきていることが懸念される。

では，この重回帰分析の検定手順を，仮説データ（**表12.3**）を用いて説明しよう。この仮説例（**表12.3**）は，説明変数として広告宣伝費 x_1，営業員数 x_2，研究開発費 x_3 を，また，被説明変数として年間売上高 y をとっている。それぞれの検定結果を見ていこう。まずは，モデル全体の仮説検定，次いで個々の係数の有意性検定を行う。

1. モデル全体の仮説検定

この場合の帰無仮説と対立仮説は下記のようになる。

　　帰無仮説 $H_0 : b_1 = b_2 = \cdots = b_p = 0$ （「すべての b はゼロである」）

　　対立仮説 $H_1 :$ at least one $b_i \neq 0$, for all b_i （「少なくとも一つの b は0ではない」）

表12.3 仮説例

	y 年間売上高 （百万円）	x_1 広告宣伝費 （百万円）	x_2 営業員数 （人）	x_3 研究開発費 （百万円）
製品 1	120.7	50.2	9	12.8
製品 2	121.9	81.9	9	8.1
製品 3	109.1	64.4	6	9.5
製品 4	121.1	71.6	6	10.4
製品 5	88.1	44.2	5	5.2
製品 6	80.8	34.0	4	5.0
製品 7	70.8	37.2	7	10.7
製品 8	125.9	63.1	8	10.6
製品 9	124.5	79.6	6	9.5
製品 10	103.7	69.0	4	6.0
製品 11	97.7	44.6	6	6.7
製品 12	126.9	102.2	6	12.2
製品 13	87.3	52.2	4	5.4
製品 14	142.0	91.7	10	15.5
製品 15	129.5	69.6	7	9.0
製品 16	98.1	54.9	11	9.2
製品 17	111.0	68.3	7	7.7
製品 18	95.6	56.8	9	10.1
製品 19	118.9	63.4	4	10.1
製品 20	103.1	54.2	4	4.9
製品 21	115.7	68.1	9	7.2
製品 22	97.8	44.6	6	7.4
製品 23	121.5	59.9	6	11.5
製品 24	116.6	72.7	8	9.1
製品 25	111.8	65.2	7	9.0
製品 26	132.2	64.7	8	12.1
製品 27	96.0	51.1	6	4.5
製品 28	105.6	44.9	4	6.4
製品 29	97.1	59.8	5	7.5
製品 30	119.0	76.7	8	7.9

　この仮説検定には F 分布を用いた F 検定を行う。すなわち，回帰モデルによる変動の分散と実測値の回帰モデルからの残差の分散が同一であれば，回帰モデルが目的変数（被説明変数）を説明できないという帰無仮説を検定するのである。

　回帰式は　$y = 50.898 + 0.663x_1 - 0.007x_2 + 2.34x_3$ となる。

　また，F 値は第 1 自由度 m_1（説明変数の数）が 3，第 2 自由度 m_2（データ数－説明変数の数-1）が 26 の F 分布に従うので，有意水準 $\alpha = 0.05$ での，F の境界値 $F_{m_2}^{m_1}$ 値は，$F_{26}^{3} = 2.975$ であり（付表 5（1）），分散分析の結果の F 値は 19.864

表 12.4　決定係数と分散分析

回帰統計	
重相関 R	0.834
重決定 R^2	0.696
補正 R^2	0.661
標準誤差 SE	9.606
観測数 n	30

分散分析表

	自由度	変動	分散	観測された分散比	有意 F
回帰	3	5498.594	1832.865	19.864	0.000
残差	26	2399.053	92.271		
合計	29	7897.647			

（$> 2.975 = F_{26}^{3}$）となるので，有意となる（表 12.4 参照）。

　したがって，この場合，帰無仮説 H_0「すべての b はゼロである」は棄却され，「少なくとも一つの b は 0 ではない」という対立仮説 H_1 が採択される。つまり，選択されたすべての説明変数の係数がゼロでないとはいえないということから，回帰モデルによる説明力があることを示唆するのである。説明力を示す決定係数も $R^2 = 0.696$（自由度調整済み $\overline{R}^2 = 0.661$）と悪くはない。

　もし，帰無仮説 H_0 が棄却されず，有意ではないときには，すべての説明変数の選択のし直しが必要になる。

2.　個々の係数の仮説検定

　もしモデル全体の仮説検定で帰無仮説が棄却され，回帰モデルによる説明力があることが示唆されたならば，次は個々の係数 b_i の仮説検定に進む。x_i に係る個々の係数 b がもしゼロであれば，変数 x_i は説明変数としての意味をもたないことになる。そこで，個々の係数 b_i に対し，t 分布を用いた t 検定を行う。

　この仮説例（表 12.3）は，説明変数として広告宣伝費，営業員数 x_2，研究開発費 x_3 をまた，被説明変数として年間売上高 y をとっているので，各検定結果を見ておこう（表 12.5 参照）。

　広告宣伝費 x_1 の検定は，帰無仮説 $H_0 : b_1 = 0$，対立仮説 $H_1 : b_1 \neq 0$ で $|t| =$

表12.5　個々の係数の仮説検定用の結果

	係数	標準誤差	t	p-値	下限95%
切片	50.898	8.376	6.077	0.000	33.861
x_1 広告宣伝費（万円）	0.663	0.133	4.968	0.000	0.389
x_2 営業員数（人）	▲0.007	1.106	▲0.007	0.995	▲2.280
x_3 研究開発費（万円）	2.034	0.890	2.286	0.031	0.205

$4.968 > t_{0.05}(26) = 2.056$ から，t 値は 5％水準で有意となり，$b_1 = 0$ という帰無仮説は棄却され，符号がプラスということも含め，広告宣伝費が売上高を説明する変数として有効となる。

　営業員数 x_2 の検定は，帰無仮説 $H_0 : b_2 = 0$，対立仮説 $H_1 : b_2 \neq 0$ で $|t| = 0.007$ $< t_{0.05}(26) = 2.056$ から，t 値は 5％水準で有意とはいえず，$b_2 = 0$ という帰無仮説は棄却されず，符号がマイナスとなっている点は興味深いが，営業員数が売上高を説明する変数として有効であるとはいえない。また，研究開発費 x_3 の検定は，帰無仮説 $H_0 : b_3 = 0$，対立仮説 $H_1 : b_3 \neq 0$ で $|t| = 2.286 > t_{0.05}(26)$ $= 2.056$ から，t 値は 5％水準で有意となり，$b_3 = 0$ という帰無仮説は棄却され，符号がプラスということも含め，研究開発費が売上高を説明する変数として有効であると判断できる。

3.　重相関係数 R と決定係数 R^2

　重相関係数 R は予測値と実測値との相関係数を示す。このことは，説明変数全体と目的変数とがもつ相関関係の強さを示している。**決定係数 R^2** は，この相関係数 R を二乗したもので，モデル内の説明変数が目的変数（被説明変数）の変動のどのくらいの割合を説明できているのかを示している。この例では，広告宣伝費と研究開発費で売上高の変動の 69.6％ を説明していることがわかる。営業員数を入れた場合の R^2 から低下してはいないが，これは，説明変数に広告宣伝費と研究開発費に営業員数を加えても決定係数が 0.696 と変わらなかったとみるべきで，営業員数の説明変数としての不適格さがわかるのである（表12.6）。

表 12.6 モデルの適合性の判断と重相関係数 R と決定係数 R^2 の目安

	重相関係数 R	決定係数 R^2
適合性あり	0.9 以上	0.8 以上
まあまあ適合性あり	0.7 以上	0.5 以上
適合性が低い	0.6 以下	0.4 以下

4.　ダミー変数

　ダミー変数は，質的データを組み込んで，その質的属性を説明変数にして重回帰分析をするものである。分析ケースにより，データの作成方法には多重共線性の排除など工夫すべき処理があるが，ビッグデータ時代のデータ処理の方法として応用範囲の広いものとなってきている。

　いま，表 12.7 に示されている，ある小売店チェーン（30 店舗）の年間売上高 Y，仕入れ業者数 X_1 と正規・非正規社員のコミュニケーション評価ポイント D_i（2 段階，高いほどコミュニケーションはよいとする。この場合 $D_1 < D_2$）の重回帰分析を行った。このコミュニケーション評価ポイントが質的データを示す。

　回帰分析の結果は，表 12.8～9 に示され，次式のようになる。

$$Y = 0.390 + 0.959X_1 + 6.707X_2 - 1.650D_1 + 19.797D_2 \qquad (12.11)$$

　モデル全体としても決定係数は 0.969 となっており，説明力はある。分散分析でも有意となっている（表 12.8）。また，年間売上高 Y は，仕入れ業者数 X_1 と正の関係にあり，仕入れ業者数が 1 件増えると売上が 0.959（百万円）増加することがわかる。また，ダミーである正規・非正規社員のコミュニケーション評価ポイント D_i とはその有無により正負の相関があり，コミュニケーション評価ポイントが低い場合には負の相関となり，ある場合には，1 ポイント高まると，売上が 19.797（百万円）増加するという結果となった（表 12.9）。

　ただ，コミュニケーション評価ポイント D_1 の p 値は 0.781 と高く，有意でないことも確認すべき点であるが，仕入れ業者数の p 値が 0.000 と有意であり，また，正規・非正規社員のコミュニケーション評価ポイント D_2 の p 値も 0.042

表 12.7 売上高, 仕入れ業者数, 正規・非正規社員のコミュニケーション評価ポイントの重回帰分析

店舗番号	Y 年間売上高 [百万円]	X_1 仕入れ業者数	D_1 評価ポイント (1)	D_2 評価ポイント (2)
1	121.2	120	1	0
2	55.1	65	0	0
3	224.2	210	0	1
4	153.3	168	1	0
5	114.5	134	1	0
6	98.6	108	0	0
7	80.5	86	0	0
8	75.1	69	0	0
9	100.8	130	1	0
10	74.8	70	1	0
11	256.9	227	0	1
12	165.7	181	1	0
13	135.5	145	1	0
14	100.5	116	0	0
15	100.8	93	0	0
16	215.1	193	0	1
17	167.2	155	1	0
18	100.4	124	1	0
19	95.2	99	1	0
20	80.5	79	0	0
21	54.2	57	0	0
22	70.5	70	0	0
23	94.8	86	1	0
24	112.9	106	0	1
25	141.4	130	1	0
26	168.9	160	0	1
27	142.8	152	1	0
28	190.4	188	0	1
29	225.9	231	0	1
30	300.1	284	0	1

表 12.8 分散分析表

	自由度	変動	分散	観測された分散比	有意 F
回帰	3	108405.618	36135.206	266.618	0.000
残差	26	3523.821	135.532		
合計	29	111929.439			

表 12.9　重回帰分析の結果

	係数	標準誤差	t	p 値
切片	0.390	6.456	0.060	0.952
X_1 仕入れ業者数	0.959	0.062	15.340	0.000
D_1 評価ポイント (1)	▲1.650	5.864	▲0.281	0.781
D_2 評価ポイント (2)	19.797	9.260	2.138	0.042

と低く有意である。これらは，説明変数として有効であるということになる。

　このようにダミー変数を使うと，量的変数として収集・記録できない質的データを順位尺度などの量的変数に変換して分析可能となるのである。

解答

問題 1.1

N	$\sqrt{N}$	ln_2N	スタージェスの公式
2	1	1.000	2
100	10	6.644	8
500	22	8.966	10
1000	32	9.966	11

問題 2.1　分位点　2（5%），4（15%），5（20%），9（40%），13（60%），17（80%），18（85%），20（90%）

問題 2.2　$Q_1 = 88$，$Q_2 = 91$，$Q_3 = 94$

問題 2.3　$\mathrm{MH} = \cfrac{1}{\frac{1}{3}\left(\frac{1}{30} + \frac{1}{40} + \frac{1}{50}\right)} = 38.3$

問題 2.4　$= \cfrac{38.3 - 40}{2} = 39.15$

問題 2.5　5年後の平均増加率　　売上 58.5%（0.5848）　利益 55.2%（0.5518）

　　　　　10年後の平均増加率　売上 34.9%（0.3492）　利益 31.1%（0.3110）

問題 2.6　コンビニA → 80.0　コンビニB → 82.5

問題 6.1　a. 順相関／b. 逆相関／c. 順相関／d. 逆相関／e. 無相関／f. 無相関／g. 無相関／h. 無相関／i. 無相関

問題 8.1　(8.11) 式により標準化すると，

$$P(X > 70) = p\left(Z > \frac{70 - 50}{10}\right)$$
$$= p(Z > 2.0)$$

となるから，付表1（標準正規分布表）より，求める確率は，

$$P = 0.0228$$

問題 8.2　(1) $P(X \leq 49600) = P\left(z = \frac{49600 - 48000}{3200}\right) = P(z \leq 0.5)$

$$= 0.5 + (0.5 - 0.3085) = 0.6915$$

(2) $P(45600 \leq X) = P\left(\frac{45600 - 48000}{3200} \leq z\right) = P(-0.75 \leq z)$

$$= 1.0 - 0.2266 = 0.7734$$

(3) $P(45600 \leq X \leq 49600) = P(-0.75 \leq z \leq 0.5) = 0.2734 + 0.1915$

$$= 0.4649$$

あとがき

　私が統計学に関心をもったのは，小学校時代の「魔の金曜日」と言われた，羽田沖木更津上空で毎週金曜日に起きた連続飛行機事故でした。それは自然現象のような「偶然事象」なのか，「人災」なのかという疑問で，後に浦和高校時代からの親友故小林隆司君と電車を何往復もしながら論じ合ったものでした。また，「石田巌窟王」を含む冤罪における「自白」や「証拠」への疑問，故高橋晄正先生が岩手大学で話された釧路市のスモン病患者の多さ，また，胎児性水俣病を証明するために原田正純先生が証拠として「臍の緒」を入手するまでの粘り強さなどなど，素晴らしい統計研究者との出会いがありました。統計はコミュニケーションが出発点になっていることを学びました。

　また，浦和高校の大先輩である故大橋隆憲先生，故佐久間昭先生の存在も，統計学への幅広い関心をもつ端緒となりました。

　高校時代には，言葉や事象への関心と感性的アプローチについては，『万葉集』研究者である森朝男先生から，また，物理学をベースにした自然科学的アプローチの重要性と難しさについては，飯島英夫先生から学ぶことができました。

　加うるに筆者は高校時代に，後に人間国宝（彫金）になられた故増田三男先生に「工芸」を学ぶというとても貴重な機会を得ました。授業では，製図（作図）の知識の修得を皮切りに，金槌や鉋，鋸そして鑿，曲尺などの道具を揃え，それらの道具を入れる「道具箱」を製作しました。「道具箱」は十人十色で，自分なりの形・デザイン・色使いや機能美そして，思いを道具箱に体現させていったのです。増田先生は「道具は使う前に研ぐこと，使いながらその使い方を覚え，研いでからしまうこと」を基本的な姿勢として話されていました。また，学部（京都大学）時代の野澤正徳先生の講義とゼミで本当の学びの場を知ることができ，統計学は「工芸」と同じく「味のある道具」であると気づきました。

　本書執筆に当たり，野澤正徳先生，故置塩信雄先生，中谷武先生，野澤ゼミの先輩，同期，後輩の皆様，日本統計学会，経済統計学会等の諸先輩，（公財）統計情報研究開発センターの関係者の皆様，片平洌彦先生，千田亮吉氏，井上隆義氏，尾関周二氏，丸山優氏，中西貢氏の学恩に謝意を表します。また，末尾ながら，学文社編集部の落合絵理氏にも深く感謝を示します。その忍耐と寛容な精神，粘り強くかつ的確なアドバイスを与え続けていただかなければ本書の完成はありませんでした。

　ビッグデータの時代は，認識が判断の連続となる時代でもあります。人間や社会事象への深い関心をもつとともに，読者の皆さんが自らの判断基準を作り，それをしまう道具箱を創ることにも役立つことを祈っています。

　2021 年 2 月

藤江　昌嗣

引用・参考文献

足利末男（1960）『統計　うそ・まこと』三一書房

足利末男（1973）『生活のなかの統計』中央公論社

安倍正三（1982）『家庭紛争と家庭裁判所―家事相談・少年相談の手引』有斐閣

新井紀子（2018）『AI vs. 教科書が読めない子どもたち』東洋経済新報社

淡路剛久（1981）『スモン事件と法』有斐閣，1981 年

池田清彦（1992）『分類という思想』新潮社

池田　央（1976）『統計的方法 I　基礎』新曜社

石黒雅史（2008）『マイネカルテ　原田正純聞書』西日本新聞社

石村貞夫・謝承泰・久保田基夫・石村友二郎他（2003）『SPSS による医学・歯学・薬
　学のための統計解析（第 4 版）』東京図書

井田正道（2017）『アメリカ分裂―数字から読みとく大統領選挙』明治大学出版会

市原清志（1990）『バイオサイエンスの統計学』南山堂

ウィーラン，チャールズ著，山形博生・守岡桜訳（2014）『統計学をまる裸にする』
　日本経済新聞出版社

上田尚一（1988）『統計グラフの賢い見方・作り方―視覚化時代の図表のノウハウ』
　講談社

ウォナコット，R.J.・ウォナコット，T.H. 著，国府田恒夫訳（1975）『計量経済学序説』
　培風館

エヴェリット，B.S. 著，山内光哉監訳，弓野健一・菱谷晋介訳（1980）『質的データ
　の解析―カイ二乗検定とその展開』新曜社，pp. 35-36

NHK 放送文化研究所（2016）『放送研究と調査』October

重田園江（2003）『フーコーの穴―統計学と統治の現代』木鐸社

大久保街亜・岡田謙介（2012）『伝えるための心理統計　効果量・信頼区間・検定力』
　勁草書房

大塚淳（2020）『統計学を哲学する』名古屋大学出版会

片平洌彦・村田篤司（1991）『疫学・保健統計学』日本看護協会出版会

片平洌彦（1994）『構造薬害』農山漁村文化協会

片平洌彦（2005）『ノーモア薬害　（増補改訂版）』桐書房

片平洌彦編（2017）『［第 6 版］やさしい統計学　保健・医薬・福祉関係者のために』
　桐書房

グリュック著，安倍治夫・樋口幸吉訳（1959）『グリュック　犯罪予測法入門』一粒
　社

コーエン，I. バーナード著，寺嶋英志訳（2007）『数が世界をつくった　数と統計の楽しい教室』青土社

古後楠徳（1978）『応用のための統計概論』サイエンス社

佐伯胖（1986）『認知科学の方法』東京大学出版会

佐伯胖（2000）『「学び」の構造』東洋館出版社

佐伯胖・松原望編（2000）『実践としての統計学』東京大学出版会

坂田幸繁編著（2019）『公的統計情報―その利活用と展望』中央大学出版会

佐久間昭（1981）『薬効評価Ⅱ―計画と解析』東京大学出版会

佐久間昭著，五所正彦・酒井弘憲・佐藤泰憲・竹内久朗編（2017）『新版　薬効評価』東京大学出版会

佐久間昭（1969）『くすりとからだ』東京大学出版会

繁桝算男（1985）『ベイズ統計入門』東京大学出版会

志田正俊（1960）『タイム・イズ・マネー』白桃書房

芝祐順・南風原朝和（1990）『行動科学における統計解析法』東京大学出版会

芝祐順・渡辺洋（1984）『統計的方法Ⅱ　推測（増訂版）』新曜社

柴田寛三（1985）『新・生物統計学序説（増補改訂）』創文

鈴木義一郎（1997）『グラフィック統計学』実教出版，1997，p. 53.

鈴木良雄・廣津信義（2012）『基礎統計学』講談社サイエンティフィック

スティーブン・J・グールド著，鈴木善次・森脇靖子訳（1989）『人間の測りまちがい―差別の科学史』河出書房新社

スミス，マイケル著，藤江昌嗣監訳，矢代隆嗣訳『プログラム評価入門―行政サービス，介護，福祉サービス等ヒューマンサービス分野を中心に』梓出版社

ソーバー，E. 著，松王政浩訳（2012）『科学と証拠―統計の哲学入門』名古屋大学出版会

高橋晄正（1981）『裁かれる現代医療』筑摩書房

高田誠二（1970）『単位の進化』講談社

高田誠二（1987）『計測の科学的基礎』コロナ社

竹内啓（2018）『歴史と統計学　人・時代・思想』日本経済新聞社

竹内啓（1976）『社会科学における質と量』東京大学出版会

谷岡一郎（2000）『「社会調査」のウソ　リサーチ・リテラシーのすすめ』文藝春秋

田久浩志（2020）『医療者のための Excel 入門　第 2 版』医学書院

チャタジー，S.・プライス，B. 著，佐和隆光・加納悟訳（1981）『回帰分析の実際』新曜社

テミン，H.M. 著，長野敬訳（1983）『健全な細胞はどうガン化するか』日経サイエンス社

寺島拓幸・廣瀬毅志（2016）『SPSS によるアンケート分析』東京図書

豊田秀樹・前田忠彦・柳井晴夫（1992）『原因を探る統計学』講談社

218

豊田秀樹（2020）『瀕死の統計学を救え！』朝倉書店

中尾佐助（1990）『分類の発想』朝日新聞社

長尾真（2001）『「わかる」とは何か』岩波書店

中里実（2019）『租税史回廊』税務経理協会

西内啓（2013）『統計学が最強の学問である』ダイヤモンド社

西垣通（2016）『ビッグデータと人工知能　可能性と罠を見極める』中央公論新社

西堀榮三郎（2008）『技士道十五ヶ条　ものづくりを極める術』朝日新聞社

日本消化器病学会編，佐久間昭（1988）『医学統計 Q&A』金原出版

能登洋（2018）『スッキリわかる！臨床統計はじめの一歩　改訂版』羊土社

野澤正徳・田上博司他『インターネット時代の経済・ビジネス』税務経理協会

野宗嘉明（1989）「目に見えないイキモノとヒトとのかかわり」『生活と科学』いわき
　　明星大学

南風原朝和（2014）『続・心理統計学の基礎』有斐閣

長谷川弓子（2018）「日本の伝統的調味料製造業の維持・発展に関する理論的・実証
　　的研究」（明治大学経営学研究科修士論文）

ハッキング，イアン著，石原英樹・重田園江訳（1999）『偶然を飼いならす—統計
　　学と第二次科学革命』木鐸社

服部勉（1972）『大地の微生物』岩波書店

服部勉（1987）『大地の微生物世界』岩波書店

原田正純（2016）『いのちの旅—「水俣学」への軌跡』岩波現代文庫

林雄亮・苫米地なつ帆・俣野美咲（2017）『SPSS による実践統計分析』オーム社

ピガニオル，B. 著，小村賢二・柴山宮惠子訳（1987）『予測のための統計学』晃洋書
　　房

福原文雄（1990）『社会科学系のための統計学概論』培風館

藤沢偉作（1993）『楽しく学べる統計教室』現代数学社

藤沢偉作（1993）『統計の初歩』現代数学社

藤田恒夫（1991）『腸は考える』岩波書店

福富和夫・橋本修二（1995）『保健統計・疫学』南山堂

フライス，L. 著，佐久間昭訳（1975）『計数データの統計学』東京大学出版会

フローレンス N. デビッド著 安藤洋美訳（1975）『確率論の歴史 遊びから科学へ』海
　　鳴社

ベスト，ジョエル著，林大訳（2002）『統計はこうしてウソをつく』白揚社

ベスト，ジョエル著，林大訳（2007）『統計という名のウソ　数字の招待，データの
　　たくらみ』白揚社

ベスト，ジョエル著，林大訳（2011）『あやしい統計　フィールドガイド　ニュース
　　のウソの見抜き方』白揚社

ヘンケル，R.E. 著，松原望・野上佳子訳（1982）『統計的検定』朝倉書店

ホーエル，P.G. 著，浅井 晃・村上正康訳（1978）『入門数理統計学』培風館

ホーエル，P.G. 著，浅井 晃・村上正康訳（1981）『初等統計学』培風館

本庶佑（1986）『遺伝子が語る生命像』講談社

本間鶴千代・氏家勝巳（1976）『統計　数学例題演習』森北出版

増山元三郎（1950）『推計学への道』東京大学消費生活協同組合出版部

増山元三郎（1969）『デタラメの世界』岩波書店

松下貢（2019）『統計分布を知れば世界が分かる　身長・体重から格差問題まで』中央公論新社

水島宇三郎（1952）『農学実験のための統計分析入門』養賢堂

南博（1954）『日本人の心理』岩波書店

南博（1985）『学者渡世　心理学とわたくし』文藝春秋

蓑谷千鳳彦（1982）『推測統計のはなし』東京図書

宮川公男（1977）『基本統計学』（初版～第4版），有斐閣

宮川公男（2003）『統計学でリスクと向き合う　あなたの数字の読み方は確かか』東洋経済新報

村上宜寛（2005）『「心理テスト」はウソでした』日経BP

森敏昭・吉田寿夫編著（1990）『心理学のためのデータ解析テクニカルブック』北大路書房

柳井久江（2015）『4Steps エクセル統計（第4版）』オーエムエス出版

柳川堯他著（2019）『新　看護・リハビリ・福祉のための統計学』近代科学社

吉村功（1987）『毒性・薬効データの統計解析』サイエンティスト社

吉田忠（1974）『統計学—思想史的接近による序説』同文館

吉田寿夫（1998）『本当にわかりやすいすごく大切なことが書いてあるごく初歩の統計の本』北大路書房

吉田寿夫編著（2006）『心理学研究法の新しいかたち』誠信書房

ラインハート，アレックス著，西原史暁訳『ダメな統計学　悲惨なほど完全なる手引書』勁草書房

ロウントリー，D. 著，加納悟訳（2001）『新・涙なしの統計学』新世社，p. 185.

Bradley, James V. (1968) *Distribution-Free Statistical Test*. Prentice-Hall.

Bruce, Peter and Andrew Bruce (2017) *Practical Statistics for Data Scientists*. O'Reilly.

Gad, Shayne C. (1998) *Statistics and Experimental Design for Toxicologists, Third Edition*. CRC Press.

Hacking, Ian (1975) The Emergence of Probability, Cambridge University Press.

Spiegelhalter, David (2019) *The Art of Statistics: Learning from Data*. Pelican.

〈資料〉 付表1 標準正規分布表
(上側確率)

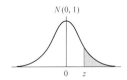

$N(0, 1)$

z	.00	.01	.02	.03	.04	.05	.06	.07	.08	.09
0.0	.5000	.4960	.4920	.4880	.4841	.4801	.4761	.4721	.4681	.4641
0.1	.4602	.4562	.4522	.4483	.4443	.4404	.4364	.4325	.4286	.4247
0.2	.4207	.4168	.4129	.4091	.4052	.4013	.3974	.3936	.3897	.3859
0.3	.3821	.3783	.3745	.3707	.3669	.3632	.3594	.3557	.3520	.3483
0.4	.3446	.3409	.3372	.3336	.3300	.3264	.3228	.3192	.3156	.3121
0.5	.3085	.3050	.3015	.2981	.2946	.2912	.2877	.2843	.2810	.2776
0.6	.2743	.2709	.2676	.2644	.2611	.2579	.2546	.2514	.2483	.2451
0.7	.2420	.2389	.2358	.2327	.2297	.2266	.2236	.2207	.2177	.2148
0.8	.2119	.2090	.2061	.2033	.2005	.1977	.1949	.1922	.1894	.1867
0.9	.1841	.1814	.1788	.1762	.1736	.1711	.1685	.1660	.1635	.1611
1.0	.1587	.1563	.1539	.1515	.1492	.1469	.1446	.1423	.1401	.1379
1.1	.1357	.1335	.1314	.1292	.1271	.1251	.1230	.1210	.1190	.1170
1.2	.1151	.1131	.1112	.1094	.1075	.1057	.1038	.1020	.1003	.0985
1.3	.0968	.0951	.0934	.0918	.0901	.0885	.0869	.0853	.0838	.0823
1.4	.0808	.0793	.0778	.0764	.0749	.0735	.0722	.0708	.0694	.0681
1.5	.0668	.0655	.0643	.0630	.0618	.0606	.0594	.0582	.0571	.0559
1.6	.0548	.0537	.0526	.0516	.0505	.0495	.0485	.0475	.0465	.0455
1.7	.0446	.0436	.0427	.0418	.0409	.0401	.0392	.0384	.0375	.0367
1.8	.0359	.0352	.0344	.0336	.0329	.0322	.0314	.0307	.0301	.0294
1.9	.0287	.0281	.0274	.0268	.0262	.0256	.0250	.0244	.0239	.0233
2.0	.0228	.0222	.0217	.0212	.0207	.0202	.0197	.0192	.0188	.0183
2.1	.0179	.0174	.0170	.0166	.0162	.0158	.0154	.0150	.0146	.0143
2.2	.0139	.0136	.0132	.0129	.0126	.0122	.0119	.0116	.0113	.0110
2.3	.0107	.0104	.0102	.0099	.0096	.0094	.0091	.0089	.0087	.0084
2.4	.0082	.0080	.0078	.0076	.0073	.0071	.0070	.0068	.0066	.0064
2.5	.0062	.0060	.0059	.0057	.0055	.0054	.0052	.0051	.0049	.0048
2.6	.0047	.0045	.0044	.0043	.0042	.0040	.0039	.0038	.0037	.0036
2.7	.0035	.0034	.0033	.0032	.0031	.0030	.0029	.0028	.0027	.0026
2.8	.0026	.0025	.0024	.0023	.0023	.0022	.0021	.0021	.0020	.0019
2.9	.0019	.0018	.0018	.0017	.0016	.0016	.0015	.0015	.0014	.0014
3.0	.0014	.0013	.0013	.0012	.0012	.0011	.0011	.0011	.0010	.0010

付表2　ポアソン分布表

x と λ から P_x を求める表　　$P_x = \dfrac{e^{-\lambda}\lambda^x}{x!}$

x \ λ	0.10	0.20	0.30	0.40	0.50	0.60	0.70	0.80	0.90	1.0
0	.90484	.81873	.74082	.67032	.60653	.54881	.49659	.44933	.40657	.36788
1	.09048	.16375	.22225	.26813	.30327	.32929	.34761	.35946	.36591	.36788
2	.00452	.01637	.03334	.05363	.07582	.09879	.12166	.14379	.16466	.18394
3	.00015	.00109	.00333	.00715	.01264	.01976	.02839	.03834	.04940	.06131
4		.00005	.00025	.00072	.00158	.00296	.00497	.00767	.01111	.01533
5			.00002	.00006	.00016	.00036	.00070	.00123	.00200	.00307
6				.00001	.00001	.00004	.00008	.00016	.00030	.00051
7							.00001	.00002	.00004	.00007
8										.00001

x \ λ	1.1	1.2	1.3	1.4	1.5	1.6	1.7	1.8	1.9	2.0
0	.33287	.30119	.27253	.24660	.22313	.20190	.18268	.16530	.14957	.13534
1	.36616	.36143	.35429	.34524	.33470	.32303	.31056	.29754	.28418	.27067
2	.20139	.21686	.23029	.24167	.25102	.25843	.26398	.26778	.26997	.27067
3	.07384	.08674	.09979	.11278	.12551	.13783	.14959	.16067	.17098	.18045
4	.02031	.02602	.03243	.03947	.04707	.05513	.06357	.07230	.08122	.09022
5	.00447	.00625	.00843	.01105	.01412	.01764	.02162	.02603	.03086	.03609
6	.00082	.00125	.00183	.00258	.00353	.00470	.00612	.00781	.00977	.01203
7	.00013	.00021	.00034	.00052	.00076	.00108	.00149	.00201	.00265	.00344
8	.00002	.00003	.00006	.00009	.00014	.00022	.00032	.00045	.00063	.00086
9			.00001	.00001	.00002	.00004	.00006	.00009	.00013	.00019
10						.00001	.00001	.00002	.00003	.00004
11										.00001

x \ λ	2.1	2.2	2.3	2.4	2.5	2.6	2.7	2.8	2.9	3.0
0	.12246	.11080	.10026	.09072	.08208	.07427	.06721	.06081	.05502	.04979
1	.25716	.24377	.23060	.21772	.20521	.19311	.18145	.17027	.15957	.14936
2	.27002	.26814	.26518	.26127	.25652	.25104	.24496	.23838	.23137	.22404
3	.18901	.19664	.20331	.20901	.21376	.21757	.22047	.22248	.22366	.22404
4	.09923	.10815	.11690	.12541	.13360	.14142	.14882	.15574	.16215	.16803
5	.04168	.04759	.05378	.06020	.06680	.07354	.08036	.08721	.09405	.10082
6	.01459	.01745	.02061	.02408	.02783	.03187	.03616	.04070	.04546	.05041
7	.00438	.00548	.00677	.00826	.00994	.01184	.01395	.01628	.01883	.02160
8	.00115	.00151	.00195	.00248	.00311	.00385	.00471	.00570	.00683	.00810
9	.00027	.00037	.00050	.00066	.00086	.00111	.00141	.00177	.00220	.00270
10	.00006	.00008	.00011	.00016	.00022	.00029	.00038	.00050	.00064	.00081
11	.00001	.00002	.00002	.00003	.00005	.00007	.00009	.00013	.00017	.00022
12				.00001	.00001	.00001	.00002	.00003	.00004	.00006
13							.00001	.00001	.00001

付表3　t 分布表

自由度 m と有意水準（確率）α から t の値を求める表

m ＼ α	0.50	0.30	0.20	0.10	0.05	0.02	0.01	0.001
1	1.000	1.963	3.078	6.314	12.706	31.821	63.657	636.619
2	0.816	1.386	1.886	2.920	4.303	6.965	9.925	31.599
3	0.765	1.250	1.638	2.353	3.182	4.541	5.841	12.924
4	0.741	1.190	1.533	2.132	2.776	3.747	4.604	8.610
5	0.727	1.156	1.476	2.015	2.571	3.365	4.032	6.869
6	0.718	1.134	1.440	1.943	2.447	3.143	3.707	5.959
7	0.711	1.119	1.415	1.895	2.365	2.998	3.499	5.408
8	0.706	1.108	1.397	1.860	2.306	2.896	3.355	5.041
9	0.703	1.100	1.383	1.833	2.262	2.821	3.250	4.781
10	0.700	1.093	1.372	1.812	2.228	2.764	3.169	4.587
11	0.697	1.088	1.363	1.796	2.201	2.718	3.106	4.437
12	0.695	1.083	1.356	1.782	2.179	2.681	3.055	4.318
13	0.694	1.079	1.350	1.771	2.160	2.650	3.012	4.221
14	0.692	1.076	1.345	1.761	2.145	2.624	2.977	4.140
15	0.691	1.074	1.341	1.753	2.131	2.602	2.947	4.073
16	0.690	1.071	1.337	1.746	2.120	2.583	2.921	4.015
17	0.689	1.069	1.333	1.740	2.110	2.567	2.898	3.965
18	0.688	1.067	1.330	1.734	2.101	2.552	2.878	3.922
19	0.688	1.066	1.328	1.729	2.093	2.539	2.861	3.883
20	0.687	1.064	1.325	1.725	2.086	2.528	2.845	3.850
21	0.686	1.063	1.323	1.721	2.080	2.518	2.831	3.819
22	0.686	1.061	1.321	1.717	2.074	2.508	2.819	3.792
23	0.685	1.060	1.319	1.714	2.069	2.500	2.807	3.768
24	0.685	1.059	1.318	1.711	2.064	2.492	2.797	3.745
25	0.684	1.058	1.316	1.708	2.060	2.485	2.787	3.725
26	0.684	1.058	1.315	1.706	2.056	2.479	2.779	3.707
27	0.684	1.057	1.314	1.703	2.052	2.473	2.771	3.690
28	0.683	1.056	1.313	1.701	2.048	2.467	2.763	3.674
29	0.683	1.055	1.311	1.699	2.045	2.462	2.756	3.659
30	0.683	1.055	1.310	1.697	2.042	2.457	2.750	3.646
40	0.681	1.050	1.303	1.684	2.021	2.423	2.704	3.551
60	0.679	1.045	1.296	1.671	2.000	2.390	2.660	3.460
120	0.677	1.041	1.289	1.658	1.980	2.358	2.617	3.373
∞	0.674	1.036	1.282	1.645	1.960	2.326	2.576	3.291

注）自由度 $m = d.f. = n - 1$

付表4 χ^2分布表

自由度 m と α から χ^2 の値を求める表

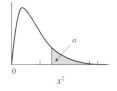

α \ m	0.990	0.975	0.950	0.900	0.750	0.500	0.250	0.100	0.050	0.025	0.010
1	—	—	—	0.02	0.10	0.46	1.32	2.71	3.84	5.02	6.63
2	0.02	0.05	0.10	0.21	0.58	1.39	2.77	4.61	5.99	7.38	9.21
3	0.11	0.22	0.35	0.58	1.21	2.37	4.11	6.25	7.81	9.35	11.34
4	0.30	0.48	0.71	1.06	1.92	3.36	5.39	7.78	9.49	11.14	13.28
5	0.55	0.83	1.15	1.61	2.67	4.35	6.63	9.24	11.07	12.83	15.09
6	0.87	1.24	1.64	2.20	3.45	5.35	7.84	10.64	12.59	14.45	16.81
7	1.24	1.69	2.17	2.83	4.25	6.35	9.04	12.02	14.07	16.01	18.48
8	1.65	2.18	2.73	3.49	5.07	7.34	10.22	13.36	15.51	17.53	20.09
9	2.09	2.70	3.33	4.17	5.90	8.34	11.39	14.68	16.92	19.02	21.67
10	2.56	3.25	3.94	4.87	6.74	9.34	12.55	15.99	18.31	20.48	23.21
11	3.05	3.82	4.57	5.58	7.58	10.34	13.70	17.28	19.68	21.92	24.72
12	3.57	4.40	5.23	6.30	8.44	11.34	14.85	18.55	21.03	23.34	26.22
13	4.11	5.01	5.89	7.04	9.30	12.34	15.98	19.81	22.36	24.74	27.69
14	4.66	5.63	6.57	7.79	10.17	13.34	17.12	21.06	23.68	26.12	29.14
15	5.23	6.26	7.26	8.55	11.04	14.34	18.25	22.31	25.00	27.49	30.58
16	5.81	6.91	7.96	9.31	11.91	15.34	19.37	23.54	26.30	28.85	32.00
17	6.41	7.56	8.67	10.09	12.79	16.34	20.49	24.77	27.59	30.19	33.41
18	7.01	8.23	9.39	10.86	13.68	17.34	21.60	25.99	28.87	31.53	34.81
19	7.63	8.91	10.12	11.65	14.56	18.34	22.72	27.20	30.14	32.85	36.19
20	8.26	9.59	10.85	12.44	15.45	19.34	23.83	28.41	31.41	34.17	37.57
21	8.90	10.28	11.59	13.24	16.34	20.34	24.93	29.62	32.67	35.48	38.93
22	9.54	10.98	12.34	14.04	17.24	21.34	26.04	30.81	33.92	36.78	40.29
23	10.20	11.69	13.09	14.85	18.14	22.34	27.14	32.01	35.17	38.08	41.64
24	10.86	12.40	13.85	15.66	19.04	23.34	28.24	33.20	36.42	39.36	42.98
25	11.52	13.12	14.61	16.47	19.94	24.34	29.34	34.38	37.65	40.65	44.31
26	12.20	13.84	15.38	17.29	20.84	25.34	30.43	35.56	38.89	41.92	45.64
27	12.88	14.57	16.15	18.11	21.75	26.34	31.53	36.74	40.11	43.19	46.96
28	13.56	15.31	16.93	18.94	22.66	27.34	32.62	37.92	41.34	44.46	48.28
29	14.26	16.05	17.71	19.77	23.57	28.34	33.71	39.09	42.56	45.72	49.59
30	14.95	16.79	18.49	20.60	24.48	29.34	34.80	40.26	43.77	46.98	50.89

F分布のパーセント点（1）

m_1：分子の自由度, m_2：分母の自由度

α=0.05

m_2＼m_1	1	2	3	4	5	6	7	8	9	10	12	15	20	24	30	40	60	120	∞
1	161.448	199.500	215.707	224.583	230.162	233.986	236.768	238.883	240.543	241.882	243.906	245.950	248.013	249.052	250.095	251.143	252.196	253.253	254.314
2	18.513	19.000	19.164	19.247	19.296	19.330	19.353	19.371	19.385	19.396	19.413	19.429	19.446	19.454	19.462	19.471	19.479	19.487	19.496
3	10.128	9.552	9.277	9.117	9.013	8.941	8.887	8.845	8.812	8.786	8.745	8.703	8.660	8.639	8.617	8.594	8.572	8.549	8.526
4	7.709	6.944	6.591	6.388	6.256	6.163	6.094	6.041	5.999	5.964	5.912	5.858	5.803	5.774	5.746	5.717	5.688	5.658	5.628
5	6.608	5.786	5.409	5.192	5.050	4.950	4.876	4.818	4.772	4.735	4.678	4.619	4.558	4.527	4.496	4.464	4.431	4.398	4.365
6	5.987	5.143	4.757	4.534	4.387	4.284	4.207	4.147	4.099	4.060	4.000	3.938	3.874	3.841	3.808	3.774	3.740	3.705	3.669
7	5.591	4.737	4.347	4.120	3.972	3.866	3.787	3.726	3.677	3.637	3.575	3.511	3.445	3.410	3.376	3.340	3.304	3.267	3.230
8	5.318	4.459	4.066	3.838	3.687	3.581	3.500	3.438	3.388	3.347	3.284	3.218	3.150	3.115	3.079	3.043	3.005	2.967	2.928
9	5.117	4.256	3.863	3.633	3.482	3.374	3.293	3.230	3.179	3.137	3.073	3.006	2.936	2.900	2.864	2.826	2.787	2.748	2.707
10	4.965	4.103	3.708	3.478	3.326	3.217	3.135	3.072	3.020	2.978	2.913	2.845	2.774	2.737	2.700	2.661	2.621	2.580	2.538
11	4.844	3.982	3.587	3.357	3.204	3.095	3.012	2.948	2.896	2.854	2.788	2.719	2.646	2.609	2.570	2.531	2.490	2.448	2.404
12	4.747	3.885	3.490	3.259	3.106	2.996	2.913	2.849	2.796	2.753	2.687	2.617	2.544	2.505	2.466	2.426	2.384	2.341	2.296
13	4.667	3.806	3.411	3.179	3.025	2.915	2.832	2.767	2.714	2.671	2.604	2.533	2.459	2.420	2.380	2.339	2.297	2.252	2.206
14	4.600	3.739	3.344	3.112	2.958	2.848	2.764	2.699	2.646	2.602	2.534	2.463	2.388	2.349	2.308	2.266	2.223	2.178	2.131
15	4.543	3.682	3.287	3.056	2.901	2.790	2.707	2.641	2.588	2.544	2.475	2.403	2.328	2.288	2.247	2.204	2.160	2.114	2.066
16	4.494	3.634	3.239	3.007	2.852	2.741	2.657	2.591	2.538	2.494	2.425	2.352	2.276	2.235	2.194	2.151	2.106	2.059	2.010
17	4.451	3.592	3.197	2.965	2.810	2.699	2.614	2.548	2.494	2.450	2.381	2.308	2.230	2.190	2.148	2.104	2.058	2.011	1.960
18	4.414	3.555	3.160	2.928	2.773	2.661	2.577	2.510	2.456	2.412	2.342	2.269	2.191	2.150	2.107	2.063	2.017	1.968	1.917
19	4.381	3.522	3.127	2.895	2.740	2.628	2.544	2.477	2.423	2.378	2.308	2.234	2.155	2.114	2.071	2.026	1.980	1.930	1.878
20	4.351	3.493	3.098	2.866	2.711	2.599	2.514	2.447	2.393	2.348	2.278	2.203	2.124	2.082	2.039	1.994	1.946	1.896	1.843
21	4.325	3.467	3.072	2.840	2.685	2.573	2.488	2.420	2.366	2.321	2.250	2.176	2.096	2.054	2.010	1.965	1.916	1.866	1.812
22	4.301	3.443	3.049	2.817	2.661	2.549	2.464	2.397	2.342	2.297	2.226	2.151	2.071	2.028	1.984	1.938	1.889	1.838	1.783
23	4.279	3.422	3.028	2.796	2.640	2.528	2.442	2.375	2.320	2.275	2.204	2.128	2.048	2.005	1.961	1.914	1.865	1.813	1.757
24	4.260	3.403	3.009	2.776	2.621	2.508	2.423	2.355	2.300	2.255	2.183	2.108	2.027	1.984	1.939	1.892	1.842	1.790	1.733
25	4.242	3.385	2.991	2.759	2.603	2.490	2.405	2.337	2.282	2.236	2.165	2.089	2.007	1.964	1.919	1.872	1.822	1.768	1.711
26	4.225	3.369	2.975	2.743	2.587	2.474	2.388	2.321	2.265	2.220	2.148	2.072	1.990	1.946	1.901	1.853	1.803	1.749	1.691
27	4.210	3.354	2.960	2.728	2.572	2.459	2.373	2.305	2.250	2.204	2.132	2.056	1.974	1.930	1.884	1.836	1.785	1.731	1.672
28	4.196	3.340	2.947	2.714	2.558	2.445	2.359	2.291	2.236	2.190	2.118	2.041	1.959	1.915	1.869	1.820	1.769	1.714	1.654
29	4.183	3.328	2.934	2.701	2.545	2.432	2.346	2.278	2.223	2.177	2.104	2.027	1.945	1.901	1.854	1.806	1.754	1.698	1.638
30	4.171	3.316	2.922	2.690	2.534	2.421	2.334	2.266	2.211	2.165	2.092	2.015	1.932	1.887	1.841	1.792	1.740	1.683	1.622
31	4.160	3.305	2.911	2.679	2.523	2.409	2.323	2.255	2.199	2.153	2.080	2.003	1.920	1.875	1.828	1.779	1.726	1.670	1.608
32	4.149	3.295	2.901	2.668	2.512	2.399	2.313	2.244	2.189	2.142	2.070	1.992	1.908	1.864	1.817	1.767	1.714	1.657	1.594
33	4.139	3.285	2.892	2.659	2.503	2.389	2.303	2.235	2.179	2.133	2.060	1.982	1.898	1.853	1.806	1.756	1.702	1.645	1.581
34	4.130	3.276	2.883	2.650	2.494	2.380	2.294	2.225	2.170	2.123	2.050	1.972	1.888	1.843	1.795	1.745	1.691	1.633	1.569
35	4.121	3.267	2.874	2.641	2.485	2.372	2.285	2.217	2.161	2.114	2.041	1.963	1.878	1.833	1.786	1.735	1.681	1.623	1.558
36	4.113	3.259	2.866	2.634	2.477	2.364	2.277	2.209	2.153	2.106	2.033	1.954	1.870	1.824	1.776	1.726	1.671	1.612	1.547
37	4.105	3.252	2.859	2.626	2.470	2.356	2.270	2.201	2.145	2.098	2.025	1.946	1.861	1.816	1.768	1.717	1.662	1.603	1.537
38	4.098	3.245	2.852	2.619	2.463	2.349	2.262	2.194	2.138	2.091	2.017	1.939	1.853	1.808	1.760	1.708	1.653	1.594	1.527
39	4.091	3.238	2.845	2.612	2.456	2.342	2.255	2.187	2.131	2.084	2.010	1.931	1.846	1.800	1.752	1.700	1.645	1.585	1.518
40	4.085	3.232	2.839	2.606	2.449	2.336	2.249	2.180	2.124	2.077	2.003	1.924	1.839	1.793	1.744	1.693	1.637	1.577	1.509
60	4.001	3.150	2.758	2.525	2.368	2.254	2.167	2.097	2.040	1.993	1.917	1.836	1.748	1.700	1.649	1.594	1.534	1.467	1.389
80	3.960	3.111	2.719	2.486	2.329	2.214	2.126	2.056	1.999	1.951	1.875	1.793	1.703	1.654	1.602	1.545	1.482	1.411	1.325
120	3.920	3.072	2.680	2.447	2.290	2.175	2.087	2.016	1.959	1.910	1.834	1.750	1.659	1.608	1.554	1.495	1.429	1.352	1.254
240	3.880	3.033	2.642	2.409	2.252	2.136	2.048	1.977	1.919	1.870	1.793	1.708	1.614	1.563	1.507	1.445	1.375	1.290	1.170
∞	3.841	2.996	2.605	2.372	2.214	2.099	2.010	1.938	1.880	1.831	1.752	1.666	1.571	1.517	1.459	1.394	1.318	1.221	1.000

付表 5　F 分布表 (2)

$\alpha = 0.1$

$m_2 \backslash m_1$	1	2	3	4	5	6	7	8	9	10	12	15	20	24	30	40	60	120	∞
1	39.863	49.500	53.593	55.833	57.240	58.204	58.906	59.439	59.858	60.195	60.705	61.220	61.740	62.002	62.265	62.529	62.794	63.061	63.328
2	8.526	9.000	9.162	9.243	9.293	9.326	9.349	9.367	9.381	9.392	9.408	9.425	9.441	9.450	9.458	9.466	9.475	9.483	9.491
3	5.538	5.462	5.391	5.343	5.309	5.285	5.266	5.252	5.240	5.230	5.216	5.200	5.184	5.176	5.168	5.160	5.151	5.143	5.134
4	4.545	4.325	4.191	4.107	4.051	4.010	3.979	3.955	3.936	3.920	3.896	3.870	3.844	3.831	3.817	3.804	3.790	3.775	3.761
5	4.060	3.780	3.619	3.520	3.453	3.405	3.368	3.339	3.316	3.297	3.268	3.238	3.207	3.191	3.174	3.157	3.140	3.123	3.105
6	3.776	3.463	3.289	3.181	3.108	3.055	3.014	2.983	2.958	2.937	2.905	2.871	2.836	2.818	2.800	2.781	2.762	2.742	2.722
7	3.589	3.257	3.074	2.961	2.883	2.827	2.785	2.752	2.725	2.703	2.668	2.632	2.595	2.575	2.555	2.535	2.514	2.493	2.471
8	3.458	3.113	2.924	2.806	2.726	2.668	2.624	2.589	2.561	2.538	2.502	2.464	2.425	2.404	2.383	2.361	2.339	2.316	2.293
9	3.360	3.006	2.813	2.693	2.611	2.551	2.505	2.469	2.440	2.416	2.379	2.340	2.298	2.277	2.255	2.232	2.208	2.184	2.159
10	3.285	2.924	2.728	2.605	2.522	2.461	2.414	2.377	2.347	2.323	2.284	2.244	2.201	2.178	2.155	2.132	2.107	2.082	2.055
11	3.225	2.860	2.660	2.536	2.451	2.389	2.342	2.304	2.274	2.248	2.209	2.167	2.123	2.100	2.076	2.052	2.026	2.000	1.972
12	3.177	2.807	2.606	2.480	2.394	2.331	2.283	2.245	2.214	2.188	2.147	2.105	2.060	2.036	2.011	1.986	1.960	1.932	1.904
13	3.136	2.763	2.560	2.434	2.347	2.283	2.234	2.195	2.164	2.138	2.097	2.053	2.007	1.983	1.958	1.931	1.904	1.876	1.846
14	3.102	2.726	2.522	2.395	2.307	2.243	2.193	2.154	2.122	2.095	2.054	2.010	1.962	1.938	1.912	1.885	1.857	1.828	1.797
15	3.073	2.695	2.490	2.361	2.273	2.208	2.158	2.119	2.086	2.059	2.017	1.972	1.924	1.899	1.873	1.845	1.817	1.787	1.755
16	3.048	2.668	2.462	2.333	2.244	2.178	2.128	2.088	2.055	2.028	1.985	1.940	1.891	1.866	1.839	1.811	1.782	1.751	1.718
17	3.026	2.645	2.437	2.308	2.218	2.152	2.102	2.061	2.028	2.001	1.958	1.912	1.862	1.836	1.809	1.781	1.751	1.719	1.686
18	3.007	2.624	2.416	2.286	2.196	2.130	2.079	2.038	2.005	1.977	1.933	1.887	1.837	1.810	1.783	1.754	1.723	1.691	1.657
19	2.990	2.606	2.397	2.266	2.176	2.109	2.058	2.017	1.984	1.956	1.912	1.865	1.814	1.787	1.759	1.730	1.699	1.666	1.631
20	2.975	2.589	2.380	2.249	2.158	2.091	2.040	1.999	1.965	1.937	1.892	1.845	1.794	1.767	1.738	1.708	1.677	1.643	1.607
21	2.961	2.575	2.365	2.233	2.142	2.075	2.023	1.982	1.948	1.920	1.875	1.827	1.776	1.748	1.719	1.689	1.657	1.623	1.586
22	2.949	2.561	2.351	2.219	2.128	2.060	2.008	1.967	1.933	1.904	1.859	1.811	1.759	1.731	1.702	1.671	1.639	1.604	1.567
23	2.937	2.549	2.339	2.207	2.115	2.047	1.995	1.953	1.919	1.890	1.845	1.796	1.744	1.716	1.686	1.655	1.622	1.587	1.549
24	2.927	2.538	2.327	2.195	2.103	2.035	1.983	1.941	1.906	1.877	1.832	1.783	1.730	1.702	1.672	1.641	1.607	1.571	1.533
25	2.918	2.528	2.317	2.184	2.092	2.024	1.971	1.929	1.895	1.866	1.820	1.771	1.718	1.689	1.659	1.627	1.593	1.557	1.518
26	2.909	2.519	2.307	2.174	2.082	2.014	1.961	1.919	1.884	1.855	1.809	1.760	1.706	1.677	1.647	1.615	1.581	1.544	1.504
27	2.901	2.511	2.299	2.165	2.073	2.005	1.952	1.909	1.874	1.845	1.799	1.749	1.695	1.666	1.636	1.603	1.569	1.531	1.491
28	2.894	2.503	2.291	2.157	2.064	1.996	1.943	1.900	1.865	1.836	1.790	1.740	1.685	1.656	1.625	1.592	1.558	1.520	1.478
29	2.887	2.495	2.283	2.149	2.057	1.988	1.935	1.892	1.857	1.827	1.781	1.731	1.676	1.647	1.616	1.583	1.547	1.509	1.467
30	2.881	2.489	2.276	2.142	2.049	1.980	1.927	1.884	1.849	1.819	1.773	1.722	1.667	1.638	1.606	1.573	1.538	1.499	1.456
31	2.875	2.482	2.270	2.136	2.042	1.973	1.920	1.877	1.842	1.812	1.765	1.714	1.659	1.630	1.598	1.565	1.529	1.489	1.446
32	2.869	2.477	2.263	2.129	2.036	1.967	1.913	1.870	1.835	1.805	1.758	1.707	1.652	1.622	1.590	1.556	1.520	1.481	1.437
33	2.864	2.471	2.258	2.123	2.030	1.961	1.907	1.864	1.828	1.799	1.751	1.700	1.645	1.615	1.583	1.549	1.512	1.472	1.428
34	2.859	2.466	2.252	2.118	2.024	1.955	1.901	1.858	1.822	1.793	1.745	1.694	1.638	1.608	1.576	1.541	1.505	1.464	1.419
35	2.855	2.461	2.247	2.113	2.019	1.950	1.896	1.852	1.817	1.787	1.739	1.688	1.632	1.601	1.569	1.535	1.497	1.457	1.411
36	2.850	2.456	2.243	2.108	2.014	1.945	1.891	1.847	1.811	1.781	1.734	1.682	1.626	1.595	1.563	1.528	1.491	1.450	1.404
37	2.846	2.452	2.238	2.103	2.009	1.940	1.886	1.842	1.806	1.776	1.729	1.677	1.620	1.590	1.557	1.522	1.484	1.443	1.397
38	2.842	2.448	2.234	2.099	2.005	1.935	1.881	1.838	1.802	1.772	1.724	1.672	1.615	1.584	1.551	1.516	1.478	1.437	1.390
39	2.839	2.444	2.230	2.095	2.001	1.931	1.877	1.833	1.797	1.767	1.719	1.667	1.610	1.579	1.546	1.511	1.473	1.431	1.383
40	2.835	2.440	2.226	2.091	1.997	1.927	1.873	1.829	1.793	1.763	1.715	1.662	1.605	1.574	1.541	1.506	1.467	1.425	1.377
60	2.791	2.393	2.177	2.041	1.946	1.875	1.819	1.775	1.738	1.707	1.657	1.603	1.543	1.511	1.476	1.437	1.395	1.348	1.291
80	2.769	2.370	2.154	2.016	1.921	1.849	1.793	1.748	1.711	1.680	1.629	1.574	1.513	1.479	1.443	1.403	1.358	1.307	1.245
120	2.748	2.347	2.130	1.992	1.896	1.824	1.767	1.722	1.684	1.652	1.601	1.545	1.482	1.447	1.409	1.368	1.320	1.265	1.193
240	2.727	2.325	2.107	1.968	1.871	1.799	1.742	1.696	1.658	1.625	1.573	1.516	1.451	1.415	1.376	1.332	1.281	1.219	1.130
∞	2.706	2.303	2.084	1.945	1.847	1.774	1.717	1.670	1.632	1.599	1.546	1.487	1.421	1.383	1.342	1.295	1.240	1.169	1.000

付表 6 Wilcoxon の 2 標本検定
α = 0.05 両側検定の *Tm* の限界値

m	n = m	n = m + 1	n = m + 2	n = m + 3	n = m + 4
3	-	-	6～21	7～23	7～26
4	10～26	11～29	12～32	13～35	14～38
5	17～38	18～42	20～45	21～49	22～53
6	26～52	27～57	29～61	31～65	32～70
7	36～69	38～74	40～79	42～84	44～89
8	49～87	51～93	53～99	55～105	58～110
9	62～109	65～115	68～121	71～127	73～134
10	78～132	81～139	84～146	88～152	91～159
11	96～157	99～165	103～172	106～180	110～187
12	115～185	119～193	123～201	127～209	131～217
13	136～215	141～223	145～232	150～240	154～249
14	160～216	164～256	169～265	174～274	179～283
15	184～281	190～290	195～300	200～310	205～320
16	211～317	217～327	222～338	228～348	234～358
17	240～355	246～366	252～377	258～388	264～399
18	270～396	277～407	283～419	290～430	296～442
19	303～438	309～451	316～463	323～475	330～487
20	337～483	344～496	351～509	359～521	366～534

(出所) 片平・村田 (1991：172) の付表 7-1, 片平 (2017：256) の付表, 佐久間 (1981：18) を基に作成

付表 7 Wilcoxon の 1 標本検定
α = 0.05 両側検定と片側検定の *T* の限界値

m	片側検定	両側検定
5	0	-
6	2	0
7	3	2
8	5	3
9	8	5
10	10	8
11	13	10
12	17	13
13	21	17
14	25	21
15	30	25
16	35	29
17	41	34
18	47	40
19	53	46
20	60	52
21	67	58
22	75	65
23	83	73
24	91	81
25	100	89
26	110	98
27	119	107
28	130	116
29	140	126
30	151	137

(出所) 片平・村田 (1991：172) の付表 7-2, 片平 (2017：257)
付表を基に作成

統計いろはカルタ

（明治大学学生他作，（　）内は作者イニシャル）

い　異常値になりたいと　人並みに思う少年時代（K.I.）

ろ　論じるだけではもったいない　社会で活かす統計数字（M.F.）

は　排反と独立事象を混同するな（M.F.）

に　ニュースの統計　母集団がなく無用の長物（T.U.）

ほ　崩壊する可能性大　統計のない国家（R.I.）

へ　ベン図を作れば避けられる　複雑な和事象，排反事象の誤認識（M.F.）

と　統計で　見破る嘘と吐く嘘と（K.I.）

ち　中央値，ノンパラメトリック検定では主役級（M.F.）

り　リサーチには "過去にとらわれる" リスクがある。（ウィリアム・バーンバック）（T.U.）

ぬ　抜き打ちテストで判明するのは　知能指数か　授業の質か（K.I.）

る　累積分布が築くのは，用途の広いパレート図（M.F.）

を　Work from home　COVID-19 テレワーク促進（M.F.）

わ　罠にはまるな，統計のウソに（A.U.）

か　確率はヤヌスの顔もつ　事象の確率，判断の確率（M.F.）

よ　よく見よう　実は怪しい　そのグラフ（R.K.）

た　縦軸のクラス間隔　変われば変わる傾き，印象（K.O.）

れ　0にこそ大きな意味あり，見落とすな（T.S）

そ　相関係数　むやみに使うなぼろが出る（M.F.）

つ　常ならぬ　川の流れと統計分析（M.F.）

ね　寝ても覚めても統計学　それでも身につく日は遠く（M.F.）

な　なんとなくグラフを見てたら騙される（M.K.）

ら　乱数は「規則性なし」という規則あり（M.F.）

む　無相関，疑似（偽の）相関と区別せよ（T.U.）

う　動かせない事実　ごまかせる統計（M.T.）

ゐ　（ゐ）いいように使うと危険　アンケート調査（R.K.）

の　のんびりと『気まぐれ指数』星新一（M.F.）

お　おみくじの大吉確率　計算したい（R.K）

く　暗い世を明るくできるか　LED，ビッグデータ（M.F.）

や　野球をするなら　身体を鍛えろ　監督するなら　統計学べ（K.I.）

ま　松本清張，統計好きか，『ゼロの焦点』，『棲息分布』（M.F.）

け　傾向（トレンド）で未来の予測は「軽行」か（M.F.）

ふ　分散や，ああ分散や，分散や（S.T.）

こ　個々の人生　語れば小説　集えば統計（K.I.）

え　エニグマはナチスの暗号機，その意味は「謎」である（※エニグマはナチス暗号機）（K.O.）

て　データと SPSS で「研究成果」，打ち出の小槌（M.F.）
あ　鮮やかな　富士山型の正規分布（T.U.）
さ　サイコロの歪み見つける∞試行（M.F.）
き　気を付けて　ビッグデータも　一長一短（R.K.）
ゆ　歪みのチェックを忘れずに　骨盤・姿勢と正規分布（K.I.）
め　綿密な調査の下で初めてわかる真のデータ（A.U.）
み　民主主義　基盤をなす（統計の）国勢調査（T.U.）
し　ジャンケンをするくらいなら譲りなさい（M.F.）
ゑ　（ゑ）Excel や SPSS，データあれば，無限大∞の「研究成果」（M.F.）
ひ　一つのみ残された自由度，いと寂し（M.F.）
も　「もうしない」と言って　もう一度するデータ改ざん（R.K.）
せ　正常値よりも異常値にこそ問題解くカギあり（T.U）
す　数字（統計）はつじつま合わせと後始末（K.I.）
ん　んーっと唸って手計算，関数電卓ありがたや（T.U.）

あんとんカルタ

安藤次郎作

い　一度にたくさん観察すれば統計法則浮かび出る
ろ　論への証拠に統計データ
は　はじめに出るのは絶対数　それから作る相対数
に　ニュースにも統計読むにも 6 つの W
ほ　ポアソン（Poisson 1781-1840）はポアソン分布の発見者・大教法燃の命名者
へ　平均をわが身にてらす早とちり
と　統計は社会をうつす生きている数字（グ・イ・ウスペンスキー）
ち　調査論なき統計学は玉の盃の底なきにひとしい
り　料理上手は一生の徳　統計ぎらいは一生の損
ぬ　抜取検査と品質管理　同工異曲の確率論
を　ルーレット・さいころ賭博の研究が確率輪の生みの親
わ　割合・比率見るときも絶対数を見落とすなかれ
か　変わる散の予兆しらせる社会統計
よ　世の中に三つのうそあり　人だますうそ・真赤なうそ・そして統計 There are three kinds of lie, lie, damned lie and statistics.（B. Disraeli）
た　大教のかげに見出だす規則性
れ　"歴史は進行する統計，統計は静止せる歴史なり"（シュレーツァ）
そ　総合指数は厚化粧　単純指数は薄化粧　化粧落とせば絶対数
つ　冷たく見えるは数字の表面　上手に使えば血が通う
ね　念には念を入れよ国際比較
なら　長い目を与えてくれる時系列
ら　ラスパイレスとパーシェ君　どちらもドイツの統計家
む　無回答・空白欄にも意味なしとせず
う　動く社会の有様を時点で表わす静態統計　期間で表わす動態統計

ぬ　居ながらに世界を股にたびさせる国連統計旅費いらず
の　normal distribution（正規分布）の意味と形を知っておけ
お　おとなは数字の意味をよみ　こどもは教だけ比較する
く　グループわけとクラスわけ　質と量との違いあり
や　たらにするなアンケート　沖のかもめに潮時きくな
ま　毎日，毎晩，新聞をよめ　統計データの宝の山だ
け　計算は数字の意味を引き出すためだ
ふ　複雑多様で変化する社会を映す数字のカメラ
こ　構成比率は構造しめす　分子は部分で分母が全体
え　エンゲル係数くらしのめやす　家計のくるしさ知る尺度
て　典型が見つかるときには典型調査
あ　頭から 2 桁ぐらいが動かぬ数字
さ　酒はのむべし・のまるべからず　統計よむべし・よまるべからず
き　行政の都合より重い知る権利
ゆ　ゆきすぎた統計過信はけがの元　ゆきすぎた統計不信もけがの元
め　目盛りを変えて錯覚さそう図表のごまかし看破せよ
み　未来への見通し教える統計知能
し　指定・承認・届出　統計調査の三系列
ゑ　絵図表はわかりやすいがよみとりにくい
ひ　表やグラフに不可欠のもの　日付・単位と資料源
も　もれなく調べてベストがわかる　標本調査じゃきめられぬ
せ　せまい紙面をたくみに活かしムダなく作れ調査票
す　数学は使えるときに使うだけ
ん　ん，ん，うなって計算しても意味伴わぬなら骨折損

安藤次郎（1913～1986）　元金沢大学教授

(注)＊挧智炅　スタテスチークという漢字はないが，杉亨二の見事な造字である。

索　引

著者紹介

藤江　昌嗣（ふじえ　まさつぐ）

明治大学経営学部教授
明治大学マネジメント・オブ・サスティナビリティ研究所所長
京都大学博士（経済学）
1954年　釧路市生，帯広市を経て，1962年　浦和市に転居
1978年3月　京都大学経済学部卒業，日本鋼管株式会社，神戸大学大学院を経て
1984年4月　岩手大学人文社会科学部専任講師
1987年4月　東京農工大学農学部助教授
1992年4月　明治大学経営学部助教授，1993年4月　同大学教授，現在に至る。
1994年3月　京都大学博士（経済学）
2000年〜2002年　ポートランド州立大学客員教授
〈専攻〉統計学・経済学・移転価格論・パフォーマンスメジャーメント論
〈主要著書〉
　『アジアからみた新地政学的マクロ経済学：IMF・GATT 体制を超えて』学文
　社，2017年
　『新ビジネス・エコノミクス』学文社，2016年
　『新ビジネス・スタティスティクス』冨山房インターナショナル，2016年
　『アジアからの戦略的思考と新地政学』芙蓉書房，2015年（共著）
　『エッセンシャル・ビジネス・スタティスティクス』橋本和美・鈴木みゆきと
　の共著，梓出版社，2003年
　『電卓とパソコンで学ぶ統計学』有斐閣，1994年
　『移転価格税制と地方税還付』中央経済社，1993年
　マイケル スミス著『プログラム評価入門』（監訳・共訳）梓出版社，2009年

ビッグデータ時代の統計学入門
──データサイエンスを支える統計の基本──

2021年3月20日　第一版第一刷発行

著　者　藤江　昌嗣

発行者　田中　千津子　　〒153-0064　東京都目黒区下目黒3-6-1
　　　　　　　　　　　　電話　03（3715）1501 代
発行所　株式 学 文 社　　FAX　03（3715）2012
　　　　会社　　　　　　https://www.gakubunsha.com

ISBN 978-4-7620-3009-3